Nelu Gheorghiță

# Euthanasie

Nelu Gheorghiță

# Euthanasie

## Entre la bonne mort et la mort chrétienne

ScienciaScripts

**Imprint**
Any brand names and product names mentioned in this book are subject to trademark, brand or patent protection and are trademarks or registered trademarks of their respective holders. The use of brand names, product names, common names, trade names, product descriptions etc. even without a particular marking in this work is in no way to be construed to mean that such names may be regarded as unrestricted in respect of trademark and brand protection legislation and could thus be used by anyone.

Cover image: www.ingimage.com

This book is a translation from the original published under ISBN 978-620-4-20618-9.

Publisher:
Sciencia Scripts
is a trademark of
Dodo Books Indian Ocean Ltd., member of the OmniScriptum S.R.L Publishing group
str. A.Russo 15, of. 61, Chisinau-2068, Republic of Moldova Europe
Printed at: see last page
**ISBN: 978-620-4-11551-1**

# EUTHANASIA

# ENTRE LA BONNE MORT ET LA MORT CHRÉTIENNE

## TABLE DES MATIÈRES

# I. Introduction

La vie humaine doit être protégée à tous les stades, sur la base de sa dignité et de sa valeur intrinsèque, depuis le moment de la conception jusqu'à la mort naturelle.

La vie a toujours été une valeur sociale indiscutable, indépendamment du développement historique de la société ou de la situation économique et politique d'un État. Le droit de mourir est une question litigieuse et controversée à tous égards. Bien qu'elle soit inextricablement liée au droit à la vie, sa nécessité est niée dans la plupart des cas et le libre exercice de ce droit par une personne est souvent condamné.

Même si, à première vue, il semble que le sujet de la vie et de la mort de l'homme soit plutôt ouvert à l'attaque juridique ou qu'il soit déjà connu dans sa spécificité, le problème de l'évaluation de la qualité de la vie et de la décision de s'ôter la vie dans certaines circonstances reste totalement irrésolu. Aucun acte normatif ne prend le risque de prévoir la possibilité de disposer de ce droit, au moins dans certaines conditions, lorsque la fin de vie est inévitable et qu'elle est une question de temps.

L'euthanasie, en tant que phénomène social et concept juridico-criminel, suscite le rejet de certains et l'approbation d'autres. Compte tenu du fait que l'euthanasie est pratiquée - officiellement ou non - dans le monde entier, la question a souvent été posée de savoir s'il est vraiment nécessaire de la légiférer dans les États européens, d'autant plus que, bien qu'elle soit interdite dans la plupart des paysun décalage évident entre les dispositions légales existantes et leur application. Ces attitudes contradictoires entraînent des conflits d'idées et des solutions législatives différentes, car il n'est pas possible d'évaluer unanimement les implications sociales et juridiques.

Au stade actuel, l'euthanasie étant légalement reconnue aux Pays-Bas, en Belgique, au Luxembourg et, depuis 2021, en Espagne, les discussions sur la réglementation juridique de l'euthanasie se sont intensifiées. L'objectif est de trouver une solution viable pour chaque État, sur la base des principes et des valeurs inscrits dans la constitution de l'État concerné, des conventions internationales signées et ratifiées, des conditions de développement économique et politique, des attitudes de la population et du niveau des services de santé, en tenant compte des capacités, des possibilités de créer et de gérer des autorités publiques dans ce domaine.

La recommandation n° 1418 de l'Assemblée parlementaire du Conseil de l'Europe de 1999 sur la protection des droits de l'homme et de la dignité des malades incurables et des mourants affirme pour la première fois que ces personnes nécessitent des soins particuliers, ce qui signifie que les États membres protègent le droit à l'autodétermination des malades incurables et des mourants, sans pour autant reconnaître le droit d'une personne à déterminer le moment et la manière de sa propre mort. En outre, l'attitude des tribunaux de divers pays à l'égard de certains cas devenus des échos, et la possibilité que de telles situations se produisent dans n'importe quelle zone géographique, ramènent l'euthanasie au présent, avec une résonance chaque fois plus forte.

## II. Euthanasie - aspects terminologiques

Étymologiquement, le mot euthanasie est composé de deux mots d'origine grecque : "eu" (su) pour "bien" et "thanatos" (Gavarog) pour "mort". Thanatos était le dieu de la mort chez les Grecs, frère d'Hypnos, le dieu du sommeil, et de Charon, le batelier qui traverse le Styx. La première utilisation documentée du terme euthanasie se trouve dans l'ouvrage *Les Vies des douze Césars de l'*historien latin Suétone. L'empereur romain Octave Auguste (27 av. J.-C. - 14 apr. J.-C.) est mort subitement dans les bras de son épouse Livie à l'âge de presque 66 ans, mourant d'une mort facile comme il l'avait toujours souhaité : "*Chaque fois qu'il entendait que quelqu'un mourait rapidement et sans souffrance, il demandait aux dieux de lui accorder une euthanasie similaire"*. L'empereur romain Hadrien (76 ap. J.-C. - 138 ap. J.-C.) a demandé à son médecin personnel Hermogène de pratiquer l'euthanasie. F.R. Bacon (1561-1621), dans son ouvrage *The New Organon, reprend le* débat sur les modes de mort d'un point de vue philosophique et est considéré comme le créateur du terme euthanasie. [1]

L'euthanasie est une méthode par laquelle le médecin provoque la mort précoce et "sans douleur" d'un patient incurable afin de mettre fin à de longues et graves souffrances. Dans les pays où elle est autorisée, l'euthanasie est utilisée lorsque le patient souffre gravement, que sa maladie est en phase terminale, qu'il donne son consentement et choisit volontairement de mettre fin à sa vie de cette manière.

Le mot "libération" a été utilisé pour la première fois par Barrington Mary Rose pour décrire les motivations des partisans de l'euthanasie par "compassion" et "pitié" pour les personnes âgées. [2]

Actuellement, pour des raisons idéologiques, des termes synonymes sont utilisés tels que : "meurtre par compassion" et "auto-libération" ou "libération" (dans le sens de fuite, sauvetage, libération).

Il y a une grande différence entre l'euthanasie et la soi-disant "vie indigne de la vie". Ce dernier terme inclut notamment les nouveau-nés ou les enfants nés avec des malformations physiques et mentales, les personnes souffrant de lésions cérébrales ayant entraîné un affaiblissement ou une défaillance de nombreuses fonctions de base, et enfin les personnes décrépites en raison de leur âge avancé. Dans ces cas, le terme d'euthanasie ne doit pas être utilisé, car il ne s'agit pas de personnes en train de mourir. Au contraire, dans ces cas, il s'agit d'une vie humaine pour laquelle il y a peu d'espoir et que personne n'a le droit de qualifier de sans valeur et d'inutile. Il est certain que personne ne peut la condamner, que ce soit pour des raisons eugéniques, économiques ou autres. Nous, les humains, devons défendre ces personnes avec l'esprit de l'amour chrétien et les aider à tout prix.

Après ces précisions, nous pouvons dire que l'euthanasie a aujourd'hui une signification différente de celle de son apparition, à savoir une mort bonne, calme et douce.

sans douleur, mais avec le consentement du mourant. Ainsi, lorsque nous parlons d'euthanasie, nous

---

[1] Laura Stanila, *Obsession thérapeutique. Le pour et le contre de l'euthanasie - nouveaux défis pour la législation roumaine,* de www. drept.uvt.ro., consulté le 01.08.2021.

[2] *Histoire de l'euthanasie,* sur www.euthanasia.com, consulté le 01.08.2021.

faisons référence à la réalisation de certaines conditions, telles que :

a) toujours pour les personnes qui sont en train de mourir ;

b) Ces personnes souffrent d'une douleur insupportable et déraisonnable ;

c) Le recours à l'euthanasie signifie l'aide et le soulagement du processus agonisant de la mort.

Tous les cas d'euthanasie peuvent être divisés en trois groupes :

1) L'euthanasie pure, c'est-à-dire le transfert d'un patient vers un état d'insensibilité dans lequel il est confronté à la mort, par l'administration de narcotiques, de substances hypnotiques et d'autres moyens sans intention de le tuer directement, mais avec une probabilité assez élevée de produire un effet létal. Dans ce cas, ce serait plutôt un soulagement pour le moment de la mort certaine.

2) L'euthanasie au sens strict, c'est-à-dire l'administration d'une substance provoquant la mort à des personnes gravement malades, à leur demande expresse. Il s'agirait d'une aide donnée afin de pouvoir mourir plus rapidement.

3) L'euthanasie au sens large, c'est-à-dire l'élimination sans douleur des personnes pour lesquelles leur propre vie n'a plus de sens ni de valeur et qui, de surcroît, ne sont qu'une tâche pour leur entourage, par exemple les malades mentaux, les handicapés mentaux, les paralysés et les personnes qui représentent une menace pour la vitalité d'une nation.

Dans le domaine de l'euthanasie également, une distinction est faite entre l'euthanasie active ou directe et l'euthanasie passive ou indirecte.

Par euthanasie active, on entend l'intervention active dans le processus de mort avec l'intention de provoquer la mort du mourant le plus rapidement possible, c'est-à-dire de la personne gravement souffrante qui est entrée dans le processus de mort avec une conviction absolue, sans la moindre chance de guérison. Il s'agit donc d'une mort prématurée que le mourant accepte volontairement avec l'aide des connaissances et des méthodes médicales.

L'euthanasie passive est l'interruption volontaire ou la non-application d'une mesure thérapeutique dont l'application conduirait à une prolongation de la vie du patient qui est irrémédiablement condamné. En interrompant ou en n'appliquant pas une mesure thérapeutique dans ces cas, on permet la progression de la maladie mortelle sans autre traitement.

"On parle de suicide assisté lorsque quelqu'un, généralement le médecin, un membre de la famille ou une personne proche, fournit au patient les moyens et les connaissances nécessaires pour mettre fin à ses jours, de sorte que cette personne l'aide et le guide pas à pas pour mettre fin à sa vie, à condition de ne pas intervenir directement, sinon il s'agit d'une euthanasie.

## III. Aspects historiques et philosophiques de l'euthanasie et du suicide

Les peuples nomades abandonnaient les personnes âgées et malades qui étaient un fardeau pour eux lors de leurs constants déplacements. Habituellement, les blessés reçoivent le coup de grâce dans les guerres. Parfois, les personnes encerclées s'entretuaient pour ne pas tomber vivantes entre les mains des ennemis. C'est ainsi qu'environ un millier de Juifs assiégés par les Romains à Massada ont péri.

Nous retrouvons des pratiques similaires chez les peuples primitifs. Chez les Battakii de Sumatra, le père âgé invite ses enfants à manger sa chair. Il grimpe ensuite à un arbre et tombe comme un fruit mûr, après quoi la famille le tue et le mange. Des pratiques anciennes étaient pratiquées chez certaines tribus de l'Aracan (Inde), du Bas-Siam, chez les Cachibas et les Tupi au Brésil.

On sait qu'à Sparte, les enfants handicapés étaient abandonnés et laissés mourir, ce qui était approuvé par Aristote pour des raisons d'intérêt public (Politique VII).

Pythagore (570 av. J.-C.) rejetait le suicide car il le considérait comme une manifestation contre les lois divines. L'âme passe d'un corps à l'autre afin de se purifier et de retrouver son origine divine. Par conséquent, seule la divinité peut décider du moment où l'âme est libérée du corps, et s'y opposer est un sacrilège. [3]

Platon (427-347 av. J.-C.) a repris de Pythagore l'idée de l'immortalité et de l'âme liée au corps. Le suicide n'est pas accepté, chacun doit attendre patiemment la volonté de la divinité pour libérer l'âme, puisque l'homme est la propriété des dieux. Il considère le suicide comme une faute envers la ville. Il estime que le suicide doit être puni par l'État, car la personne qui meurt n'a pas droit à une cérémonie funéraire ou à une tombe connue. Il a toutefois accepté le suicide dans certaines circonstances objectives jugées intolérables et incurables, comme la pratique du suicide chez les personnes âgées gravement malades (République 460). [4]

Aristote (384-322 av. J.-C.), élève de Platon, a une attitude négative à l'égard du suicide, est encore plus intransigeant envers son maître et n'accepte ni compromis ni exceptions, affirmant que le suicide suscite la colère des dieux et affaiblit la société. Dans son cinquième traité d'éthique, il explique que c'est une vertu de maîtriser la vie, même si elle est pleine de dangers et de difficultés, tandis que renoncer est une lâcheté et que le suicide est considéré comme une désertion du soldat (I, 5).

Épicure (341-270 av. J.-C.), suivant les enseignements de Démocrite, propose une explication atomistique de la nature. Il dit que nous n'avons rien à craindre de la mort, puisqu'elle est la décomposition de la matière dont nous sommes composés et qui n'est donc pas privée de sensations. "La mort ne signifie rien pour nous, car si nous existons, la mort n'est pas, et si la mort existe, nous ne sommes pas", a-t-il déclaré. La sensation, qui est le critère de la connaissance, est aussi le guide qui nous conduit à rechercher le plaisir et à fuir la douleur. Par conséquent, s'il rejette également le

---

[3] Nicolae Bagdasar, Virgil Bogdan, C. Narly, *Anthologie philosophique,* éd. Universal Dalsi, Bucarest, 1995, pp. 125126.

[4] Platon, *Œuvres,* Vol. II, édité par P. Cretia, C. Noica et N.S. Tanasoca. Ed Stiintifica si Enciclopedica, Bucarest, 1976, p. 150.

suicide, il est plus tolérant lorsqu'il s'agit de l'accepter comme solution alternative à des situations de malheur.

Épicure a résumé le courant de pensée général des Grecs de l'Antiquité : *"Nous sommes maîtres de la douleur, maîtres de la supporter quand elle est supportable, et sinon maîtres de quitter la vie en toute tranquillité, comme nous quittons le théâtre quand il ne nous plaît pas"*. [5]

L'éthique développée par la Stoa - une école philosophique fondée par Zénon, contemporain et rival d'Épicure - part des principes de la physique : L'univers est régi par des lois absolues qui ne permettent aucune exception, et l'essence de l'homme est la raison. L'idée que l'avenir est prédéterminé et que l'univers entier fonctionne selon des raisons divines (logos) est soutenue. Et si pour Épicure le bien dans la vie représentait le plaisir, pour Zénon le bien s'incarnait dans la vertu. Le suicide devient ainsi une décision rationnelle dont la moralité n'est pas débattue. Zeno lui-même se serait suicidé selon les Stoïciens. À un âge avancé, il se heurte à une pierre en marchant dans la rue et se casse l'orteil. Il a interprété l'accident comme un signe de la divinité lui signifiant qu'il avait vécu assez longtemps, puis s'est suicidé en rentrant chez lui.

Les philosophes qui ont suivi la Stoa, notamment Panaitios de Rhodes (185-110 av. J.-C.) et Poseidonius d'Apameia (135-51 av. J.-C.), ont remplacé les critères objectifs par le subjectivisme des croyances. Si, après une longue réflexion, une personne arrive à la conclusion que la vie ne peut plus être vécue, elle peut recourir au suicide sans que cela soit considéré comme un crime ou un péché. [6]

À Rome, la pratique consistant à abandonner les nouveau-nés atteints de malformations a perduré jusqu'à l'empereur Valens (IVe siècle). Nous savons à quel point les Romains de l'Antiquité appréciaient le suicide, considéré comme une mort digne qui leur permettait d'échapper à la vengeance de leurs ennemis ou à d'autres humiliations. Tacite décrit le suicide de Pétrone avec des mots élogieux (Annales XVI, 18-19). Valerius Maximus se réjouit que le Sénat de Marseille ait conservé le "poison d'État". SiliusItalicus, qui s'était lui-même suicidé, fait l'éloge de ceux qui sont prêts à accélérer la mort des personnes âgées, des blessés de guerre et des malades. À Rome, où la force, la jeunesse, la beauté et la vitalité physique étaient tenues en haute estime, il y avait une aversion absolue pour la vieillesse et la maladie. Les stoïciens s'enorgueillissaient du suicide de leurs grands représentants : Sénèque, Épictète, Pline le Jeune. Sénèque a écrit : " *Quand la vieillesse viendra ébranler mon jugement, quand elle ne me laissera pas la vraie vie mais seulement l'existence, je sortirai de cette maison délabrée et ruineuse.* "

Lucius Annaeus Seneca (ou simplement Sénèque ou Sénèque le Jeune) (4 av. J.-C. - 65 ap. J.-C.) était un philosophe stoïcien romain, professeur de l'empereur Néron et ayant occupé diverses fonctions dans l'administration de l'Empire. Selon lui, la sagesse consiste à cultiver sa volonté pour trouver le bonheur par la vertu et non au détriment de la richesse matérielle. Dans les Lettres à Lucilius, Sénèque fait référence au suicide : "*Mourir tôt ou tard est sans importance, mourir bien ou mal l'est.*" Il a soutenu que si vous voulez vivre, vous devez vivre ; sinon, vous pouvez retourner là

5 Gheorghe Vladutescu, *L'éthique d'Épicure,* éd. Stiintifica, Bucarest, 1972, p. 95-100.
6 Nicolae Bagdasar, Virgil Bogdan, C. Narly, *Anthologie philosophique,* éd. Universal Dalsi, Bucarest, 1995, p. 282.

où vous vous êtes arrêté. [7]

La philosophie stoïcienne tardive a matérialisé sa conception de la vie et de la mort dans l'adage *"Mori licet qui vivere non placet", qui* signifie "Celui qui ne veut pas vivre doit mourir". Sénèque finit par se couper les veines à la demande de l'empereur Néron, son ancien élève. En effet, la philosophie des stoïciens avait une forte influence sur la société romaine de l'époque, et les aristocrates invoquaient souvent l'exemple de Sénèque, la mort étant une alternative au déshonneur et une garantie de liberté personnelle.

Le droit romain de l'époque impériale permet à toute personne de choisir librement sa mort. [8]

Avec le déclin du stoïcisme autour du deuxième siècle, la législation romaine sur le suicide devient plus stricte. Le néoplatonisme et les cultes orientaux condamnent le suicide car il perturbe l'âme du mort et l'empêche de se détacher du corps et de monter au ciel.

Contrairement à l'Antiquité, le Moyen Âge se caractérise par une absence presque totale de suicides célèbres. Il n'y a pas eu de suicide célèbre depuis plus de mille ans. Mais le mode de vie de l'aristocratie guerrière supposait des actes de substitution, des formes indirectes de suicide, comme les tournois, qui étaient au même niveau que les suicides "ludiques". D'un point de vue psychologique, on dit que dans la plupart des cas, l'individu dirige l'agression contre sa propre personne, ce que dans les sociétés civilisées il ne peut pas faire contre les autres. Cependant, les chevaliers du Moyen Âge, les mercenaires, ne respectaient pas les interdits de nature pacifiste, de sorte que la violence contre leurs semblables réduisait la tendance à l'autodestruction et donc au suicide.

Cependant, les chroniques médiévales sont pleines de suicides indirects et martiaux. Les chroniqueurs de l'époque font également état de suicides à la suite de viols (voir la mort de Lucrèce, la femme violée par les Normands). On trouve également des récits de suicides altruistes, comme celui des citoyens de Calais, la tentative de suicide de Jeanne d'Arc qui, prisonnière, se jette du haut d'une tour et déclare qu'elle préfère mourir que vivre après le massacre de tant d'innocents (allusion au massacre de Compiègne). [9]

Dans les Mystères et Miracles, interprétés par des troupes itinérantes mettant en scène la morale de l'Église, le suicide est catégoriquement condamné. Dans les miracles de la Vierge Marie,

---

[7] Sénèque, *Lettre LVIII à Lucilius,* (trad. rom. Gh. Guju), Editura §tiin{ifica ?i Enciclopedica, Bucure?ti, 1967, pp. 148149. *"... Si le corps n'est plus bon à rien, pourquoi ne pas libérer une âme qui se débat ?... Je ne renoncerai pas à la vieillesse si elle me laisse entière, entière par ce qu'il y a de meilleur en moi. Mais quand il commencera à grincer ou à me prendre mes esprits, quand il ne me laissera pas la vie mais le souffle, alors je m'enfuirai de cette maison pourrie et en descente..... c'est un récalcitrant et un méchant qui meurt à cause de la douleur, mais c'est un fou qui ne vit que pour souffrir de la douleur..."*

[8] Georges Minois, *L'histoire du suicide,* éd. Humanitas, Bucarest, 2002, p. 60. "*Il y a eu sept ou huit cas de suicide non liés à la confiscation des biens : Le suicide par dégoût de la vie, par chagrin de la mort d'un fils, par désir de souhaiter une belle mort, par folie, par idiotie ou par pauvreté mentale, pour se libérer de la maladie et de la souffrance, par désir de trouver un compromis en cas de faillite. Enfin, toutes les formes de suicide étaient autorisées, sauf pour les prévenus et les condamnés.*

[9] G. Minois, *op. cit.* S. 19.

le suicide est présenté comme le résultat d'un désespoir inspiré par le diable.

Dans les chansons de geste, ce phénomène est présenté de manière quelque peu différente. Le suicide apparaît ici comme un comportement qui aboutit à une impasse, quels que soient les motifs ou le contexte : les personnages se suicident par amour impossible, par tristesse extrême, par remords, par honte. L'acte est déclenché par la colère, la jalousie ou le désespoir, qui étaient considérés comme des péchés à l'époque. De plus, les personnages émotionnellement négatifs se suicident généralement.

Il y a parfois des suicides dits honorables (dans la chanson de Daurel et Concrete, Béatrice se jette d'une haute tour après la mort de son fils et le bannissement de son mari) ou des suicides altruistes (dans Lancelot, Galehaut meurt volontairement après avoir appris que son ami s'est suicidé, et Lancelot tente également de se suicider mais est sauvé in extremis). Les chevaliers de la Table ronde parlent aussi de suicide dès qu'il y a un malheur.

Le comportement réel et la littérature médiévale sont en parfait accord lorsqu'il s'agit de distinguer le suicide "noble" du suicide "indigne". La personnalité et la motivation du suicidé jouent un rôle plus important que l'acte lui-même. Le paysan qui se suicide pour échapper à la misère est considéré comme un lâche dont le corps doit être torturé et dont l'âme finira en enfer. Le courageux chevalier qui préfère mourir au combat plutôt que de se rendre est considéré comme un héros et reçoit les honneurs civiques et religieux.

Moralistes et poètes condamnent l'horreur de la vie, Dante réservant une place en enfer aux suicidaires. Ils sont placés dans la deuxième partie du septième cercle, celle des violents. Pour détourner les chrétiens de l'idée du suicide, l'Église catholique a eu recours à une série d'histoires trouvées dans les paraboles pendant les homélies. Le message est qu'il ne faut pas désespérer car un miracle de Dieu se produira toujours. Le croyant dispose donc d'un refuge infaillible contre le suicide. Celui qui se suicide en pleine santé mentale ne peut pas s'attendre à la pitié. Le droit canonique, établi au XIIe siècle par les travaux de Burchard, d'Yvo de Chartres, de Gratianus et de Grégoire IX, est extrêmement strict à l'égard du suicide. Depuis cette époque, les suicidés se voient refuser une sépulture chrétienne (bien que la première trace écrite date du XIIIe siècle, à savoir un édit du Conseil de Nîmes). Une exception est faite pour les kamikazes qui laissent in extremis un signe de repentir.

Une ordonnance du XIIIe siècle de la ville de Lille stipulait que le suicidé était traîné jusqu'à l'échafaud puis pendu s'il s'agissait d'un homme et brûlé s'il s'agissait d'une femme. À Metz, le corps devait être sorti de la maison par un trou creusé sous le pas de la porte, puis enfermé dans un tonneau qui était jeté dans la rivière, avec l'annonce qu'on le laisserait flotter à volonté. À Zurich, le cadavre recevait une punition spécifique pour chaque méthode de suicide : si la mort résultait d'un coup de poignard, un coin de bois était enfoncé dans le crâne du mort ; si la personne se noyait, son corps était recouvert de sable à cinq pieds du rivage ; si quelqu'un se suicidait en se jetant d'une hauteur, il était enterré sous une montagne avec trois grosses pierres sur la tête, le ventre et les pieds. En Angleterre, les corps des kamikazes étaient enterrés sous une route principale, de préférence à un carrefour où passaient de nombreuses personnes, et cloués au sol avec un pieu en bois en travers de la poitrine. On pensait qu'il était ainsi immobilisé et piétiné, de sorte qu'il avait peu de chances de se libérer et de déranger les vivants. L'exécution de suicides était considérée à la fois comme un rituel d'exorcisme et comme une mesure préventive. L'épreuve était particulièrement effrayante pour la famille du défunt, car un tel spectacle public pouvait mettre en danger une nation entière. Puis vint la confiscation des biens. En France, à partir de 1205, les commissaires royaux attribuent les biens meubles des noyés ou des suicidés au roi ou au noble local. [10]

À partir de la seconde moitié du XIIIe siècle, les tribunaux anglais distinguent le suicide non compos mentis (suicide souffrant d'une maladie mentale) du celefelo de se (traître à sa personne), ne confisquant que les biens de ce dernier. Le Moyen Âge n'expliquait le suicide que par l'œuvre du diable et la folie, ce qui en faisait un acte totalement irrationnel. Le suicide, longtemps pensé et expliqué pour la simple raison de l'exécration de la vie, n'était qu'une catégorie de la folie, de la mélancolie.

Le XVIIe siècle se caractérise par les exceptions faites dans la répression du suicide. La réaction des autorités religieuses et civiles de l'époque combine la sévérité du principe et la sévérité sélective dans son application. Le droit de se suicider devrait-il être un privilège supplémentaire de la noblesse ? Peut-être oui, si l'on considère qu'au XVIIe siècle, en France et en Angleterre, il n'y avait pas d'exécutions de corps d'aristocrates.

La manière dont les décès ont été enregistrés à Londres met en lumière le rôle de renforcement des rumeurs sur les suicides. Dès le début du XVIIe siècle, les autorités municipales publient une liste hebdomadaire des décès, d'abord en rapport avec les épidémies de peste, puis régulièrement avec le détail des causes de la mort, ce qu'on appelle les listes de mortalité. Ainsi, une liste hebdomadaire des suicides était disponible pour chaque municipalité, incluant les cas de maladie mentale et parfois la profession des victimes, et un total annuel était compilé.

Il convient également de mentionner les vagues de suicides déclenchées par des circonstances extraordinaires, telles que les épidémies de peste[11]et les suicides collectifs liés à la peur de la fin du monde signalés dans certaines régions de Russie.

Le phénomène du suicide semble donc être général, sans que l'on puisse parler d'une épidémie ou d'une vague de suicides de longue durée. Les événements du XVIIe siècle, qui ont secoué un monde capitaliste plutôt audacieux et relativement peu préparé, ont donné lieu à des attaques extraordinaires : les années de la crise de Law en France et de la faillite de la Compagnie des mers du Sud en Angleterre représentent de telles explosions, le nombre de suicides passant soudainement de 20 en 1720 à 52 en 1721 à Londres. Cette période voit également une augmentation du nombre de suicides d'indigents en raison des crises alimentaires, des hivers rigoureux, des maladies et des guerres qui ravagent l'Europe. [12]

Les philosophes des Lumières s'intéressent tous au phénomène du suicide, certains le condamnant sans hésitation, d'autres proclamant la liberté totale de l'homme à disposer de sa propre

---

[10] G. Minois, *op. cit.* S. 41.

[11] D. Defoe, *Journal de l'année de la peste,* (trad. A. Ralian), éd. Univers, Bucarest, 1992, p.102.

[12] G. Minois, *op. cit.* p. 198.

vie, d'autres encore étant plus nuancés et l'acceptant ou le rejetant selon le contexte.

Le XIXe siècle a apporté un changement dans les débats sur le suicide, et les causes du phénomène, qu'elles soient sociales ou psychologiques, sont de plus en plus discutées. Le problème de la responsabilité individuelle est devenu secondaire ; les gens sont de plus en plus perçus comme étant manipulés par des facteurs sociaux ou psychologiques, des facteurs qu'ils ne peuvent pas contrôler. Dans sa recherche de la vérité sur le suicide et d'autres phénomènes, l'esprit humain est passé, au cours de l'histoire, de la certitude au doute, un doute qui, à son tour, donne lieu à de nouvelles certitudes et illusions. La question de la liberté de l'individu sur sa vie est débattue encore et encore sous l'impact de crises profondes. Dans l'évolution de la société, les débats sur le suicide vont de la proposition de le soustraire à la loi et de reconnaître la mort volontaire comme un signe de grandeur et de dignité (prérogative des philosophes), à la demande de punir cet acte qui, aux yeux des forces de l'ordre, porte atteinte à la conscience collective. Finalement, le suicide a été supprimé de la loi, mais la mentalité collective est restée avec son silence désapprobateur. [13]

[13] G. Minois, op. cit. p. 312.

## IV. L'euthanasie et le suicide assisté à l'époque moderne et contemporaine

Comme nous l'avons vu, il y a eu différentes attitudes à l'égard du suicide et de l'euthanasie au cours de l'histoire. Nous avons vu que les philosophes grecs et latins pensaient que ceux qui étaient un fardeau pour la société devaient être tués parce que leur vie n'avait plus de sens ou d'utilité. Ils ont déclaré que "la vie des personnes handicapées ne devrait pas être prolongée de quelque manière que ce soit, car elle n'est utile à personne, pas même à elles-mêmes". [14]

Le christianisme, comme nous le verrons dans un autre chapitre, a apporté un concept différent de la vie et de la mort qui met l'accent sur le sens et le but de la vie qui ne se termine pas avec la mort physique.

Thomas More a écrit au XVIe siècle (1478-1535) sur la pratique consistant à tuer tous les malades. Il considérait cet acte comme sacré et purement religieux afin de "débarrasser la société des indignes". [15]

Quelques années plus tard, cette idée est soutenue par le philosophe et homme politique anglais Francis Bacon (1561-1625), qui est le premier à défendre l'idée que "les médecins ont le devoir d'utiliser leur science de manière à ce que les mourants puissent mettre fin à leur vie aussi facilement que possible". En particulier, Bacon utilise le terme "euthanasie externe" pour désigner les activités du médecin qui affectent la facilité de la mort, et le terme "euthanasie interne" pour caractériser la préparation mentale du mourant à la mort." Ainsi, Bacon est considéré comme le premier à avoir utilisé le mot "euthanasie", qui désigne le fait de tuer une personne souffrante.

L'histoire raconte qu'en 1779, Napoléon a ordonné l'euthanasie de tous les soldats qui avaient contracté une maladie contagieuse afin de ne pas rendre malade le reste de son armée.

À la fin du XIXe siècle, la question de l'euthanasie a pris un caractère de masse et a commencé à devenir un sujet plus large de discussion et de débat public. La première discussion publique sur le sujet de l'euthanasie est probablement venue de la presse en Angleterre, après la publication d'un article en faveur de l'euthanasie dans le Fortnightly Review en février 1873 : *"The new cure for the incurable"*. Nombreux sont ceux qui soutiennent que le fait de hâter la mort d'une personne que les médecins estiment condamnée à mourir est un soulagement tant pour la personne malade que pour ses proches.

Au vingtième siècle, de nombreuses organisations ont été fondées pour plaider en faveur ou contre l'euthanasie. La première a été fondée en 1935 par un groupe de médecins londoniens et s'appelait la *Voluntary Euthanasia Society. Elle a été suivie par* la *Hemlock Society* aux États-Unis.

Le seul État des temps modernes qui a inscrit dans la loi la condamnation des malades mentaux, des impuissants, des handicapés mentaux et, d'une manière générale, des personnes qui sont un fardeau pour la société, est l'Allemagne d'Hitler. Le 1er septembre 1939, un décret publié par Hitler - qui est resté caché - donne le droit de débarrasser la société des incapables et des malades. Des

---

[14] *Histoire de l'euthanasie,* sur www.euthanasia.com, consulté le 03.08.2021.

[15] Thomas More, *Utopie,* éd. Gramar, Bucarest, 2014, p. 100-110.

raisons théoriques et pratiques ont probablement été prises en compte. La date de l'adoption de ce décret - deux jours avant le début de la Seconde Guerre mondiale - justifie pleinement cette décision ; Hitler se préparant à la guerre, a pris soin de purger la société allemande des éléments qu'il considérait comme passifs pour la guerre. Des milliers de nourrissons, de nouveau-nés et d'enfants handicapés et 70 à 80 000 adultes souffrant de troubles mentaux ont été tués par euthanasie active. Hitler a eu recours à l'euthanasie active en s'empoisonnant avec du Pantopon, une substance dérivée de l'opium et utilisée comme analgésique.

Hier comme aujourd'hui, les sociologues et les juristes estiment que la légalisation de l'euthanasie peut devenir une arme dangereuse entre les mains des criminels, faisant augmenter le taux de criminalité car elle est utilisée par de nombreux inconscients dans leur intérêt et à leur profit. Il ne sera donc pas facile de déterminer si cela est fait pour des raisons humaines, pour des intérêts économiques et testamentaires ou pour des raisons politiques. Il ne sera pas non plus possible de déterminer si cela est fait avec la volonté forcée ou non du patient. Dans ce cas, il s'agit de l'euthanasie, que l'on qualifie de sociale ou d'eugénique. Le terme d'euthanasie sociale ou eugénique rend principalement la "force de la société", en général, sa délivrance de ceux qui sont considérés comme "le fardeau de la société", mentalement réduits, handicapés et impuissants, totalement incapables de travailler ".

Une chose est sûre : le concept d'euthanasie, par lequel les anciens entendaient une "mort douce", ne diffère généralement pas d'un âge à l'autre, d'une personne à l'autre. Et pourtant, les gens sont réticents à le faire. Et pourquoi ? Parce que, surtout, on doute que ce que l'on fait soit juste, que le médecin qui assiste au suicide soit de bonne foi. La vérité est que le suicide assisté est un acte de courage, de la part du mourant, du médecin et bien sûr du législateur. [16]

---

[16] Radu Popescu, Andy Pusca, *Euthanasie,* Ed. Fundatiei Academice "Danubius", Galatzi, 2002, p.20.

## V. L'euthanasie en droit international

### V.1 Réglementation de l'euthanasie en droit néerlandais

Les Pays-Bas sont le premier État à légaliser l'euthanasie par le biais de la loi sur la fin de vie et l'aide au suicide (procédure de révision), adoptée en avril 2001 et entrée en vigueur le 1er avril 2002, qui donne aux patients en phase terminale le droit de demander qu'il soit mis fin à leur vie par injection létale, les médecins n'étant pas soumis au droit pénal s'ils accordent cette mort par compassion (mercy killing). L'adoption de cette loi intervient après plusieurs années de débat et légalise une pratique qui était tolérée depuis 1997.

En 2002, 2113 cas d'euthanasie ont déjà été officiellement signalés, dont 1893 chez des patients atteints de cancer avec des métastases.

La loi néerlandaise de 2001 prévoit que les médecins peuvent pratiquer l'euthanasie si les conditions suivantes sont remplies :

- il doit y avoir un souhait explicite de la part du patient ;

- le médecin doit être convaincu que cette demande est fondée sur un examen approfondi ;

- Le patient doit être dans une situation médicale désespérée (irréversible) et souffrir de douleurs insupportables ;

- le médecin doit consulter un autre médecin pour établir un diagnostic indépendant ;

- Chaque cas d'euthanasie doit être signalé à une commission composée d'un juriste, d'un médecin et d'un éthicien. Si cette commission est d'avis que les dispositions légales n'ont pas été respectées, elle soumet ses conclusions au tribunal, qui peut engager des poursuites contre le médecin. Pour éviter les abus, une peine pouvant aller jusqu'à 12 ans de prison est prévue pour les médecins qui pratiquent l'euthanasie sans respecter les dispositions légales.

Nous constatons toutefois qu'aux Pays-Bas, on est passé sans transition de l'euthanasie des malades en phase terminale âgés de plus de 12 ans à l'euthanasie des patients atteints de démence avancée, puis des enfants âgés de 1 à 12 ans.

La Cour suprême des Pays-Bas a statué en 2020 que les médecins peuvent pratiquer l'euthanasie sur des patients atteints de démence avancée s'ils ont préalablement laissé un testament de vie écrit. La décision du tribunal renforce donc juridiquement une pratique existante qui est toutefois rarement utilisée aux Pays-Bas.

Le groupe pro-euthanasie néerlandais NVVE s'est félicité de cette décision, affirmant qu'elle donnerait aux médecins "le sentiment d'être soutenus s'ils veulent euthanasier des patients atteints de démence".

L'affaire examinée par la Cour suprême concerne un acquittement prononcé l'année dernière par une juridiction inférieure après qu'un médecin a décidé d'euthanasier une femme de 74 ans. Les procureurs ont fait valoir au cours du procès à La Haye qu'il existait des preuves que la femme avait pu changer d'avis après avoir exprimé son souhait d'être euthanasiée dans une déclaration écrite. "La cour a conclu que le médecin avait agi avec diligence et qu'il n'y avait pas lieu de le sanctionner", a annoncé la Cour suprême. Selon la Cour suprême, la décision du tribunal d'acquitter le médecin était correcte.

Les cas d'euthanasie chez les personnes atteintes de démence avancée sont extrêmement rares. Pendant le procès de l'année dernière, il y a eu moins de 20 cas depuis que la procédure a été légalisée en 2002.

En vertu de la législation néerlandaise, les personnes ont droit à l'euthanasie si elles en font volontairement la demande, si leurs souffrances sont insupportables et s'il n'y a aucun espoir de guérison. Les patients peuvent faire une demande écrite d'euthanasie, en précisant les conditions dans lesquelles l'euthanasie doit avoir lieu. Les médecins devraient au moins demander l'avis d'un psychologue indépendant avant de pratiquer l'euthanasie. Les juges ont déclaré que dans les cas de démence avancée, les médecins doivent respecter l'exigence légale selon laquelle le patient souffre de "souffrances intolérables et sans espoir de guérison" en raison de la démence. Dans ce cas, consultez non pas un mais deux médecins indépendants pour savoir si la demande écrite peut être mise en pratique. [17]

La loi de 2002 a également dépénalisé l'euthanasie pour les mineurs de plus de 12 ans, à condition que le consentement du mineur et de ses parents soit obtenu, et pour les patients âgés de 16 à 18 ans, seul leur consentement est requis, et non celui de leurs parents. Toutefois, la loi ne prévoit pas de dispositions pour les mineurs âgés de 1 à 12 ans qui sont atteints d'une maladie incurable et souffrent de douleurs insupportables.

De nombreux pédiatres aux Pays-Bas ont demandé une indication claire pour ces patients.

La réponse est venue fin 2020, lorsque le ministre de la Santé Hugo de Jonge a annoncé que le gouvernement approuvait l'extension de la dépénalisation du suicide assisté, expliquant que les nouvelles dispositions ne nécessitent pas de loi mais des règlements supplémentaires qui entreront en vigueur dans les prochains mois. Pour justifier cette décision, le ministre néerlandais de la santé s'est référé aux conclusions d'une étude commandée par l'exécutif à un groupe d'experts, qui recommande d'une part d'améliorer les soins palliatifs et de mieux connaître ces traitements pour les mineurs âgés de 1 à 12 ans. D'autre part, l'étude indique que dans les quelques cas existants (entre 5 et 10 par an), les traitements palliatifs n'étaient pas suffisants pour soulager les souffrances des patients, ce qui suggère que les pédiatres pourraient euthanasier ces enfants "sans être punis ou poursuivis". [18]

Malheureusement, la qualité des soins palliatifs aux Pays-Bas ne s'est pas améliorée depuis la légalisation de l'euthanasie et il n'existe plus que quelques centres spécialisés, alors qu'au Royaume-

[17] *La Cour suprême des Pays-Bas a approuvé l'euthanasie pour les patients atteints de démence avancée,* sur www.g4media.ro, consulté le 04.08.2021.

[18] *Pays-Bas. La dépénalisation de l'euthanasie étendue aux enfants de 1 à 12 ans,* sur www.vaticannews.va, consulté le 04.08.2021

Uni (où l'euthanasie est interdite), il y a plus de 300 centres.

### V.2 Réglementation de l'euthanasie en droit belge

En Belgique, le 16 mai 2001, les députés ont décidé de légaliser l'euthanasie sous certaines conditions et à la suite de certaines procédures :

- Au moment de la demande, le patient doit être majeur ou mineur et avoir la pleine capacité juridique ;

- la demande doit être faite volontairement, intentionnellement et de manière répétée, sans être due à une pression extérieure ;

- la maladie doit être irréversible, le patient doit souffrir physiquement et mentalement de manière constante et insupportable, le médecin doit informer le patient de son état, de son espérance de vie, etc ;

- le patient doit être consulté par un autre médecin indépendant spécialisé dans la maladie en question, compte tenu du caractère grave et incurable de celle-ci ;

- La commission de contrôle, composée de 16 personnes, reçoit le dossier dans un délai de 4 jours à compter de la date du dossier du patient ; si les deux tiers des membres de la commission sont d'avis que les dispositions légales ont été violées, le dossier est transmis au procureur de la République.

La loi prévoit également qu'il ne peut être exigé d'un médecin qu'il participe à une euthanasie. [19]

En 2014, la Chambre des députés belge, un organe décisionnel, a adopté une loi autorisant l'euthanasie des enfants de tout âge en phase terminale.

Quatre pages - c'est-à-dire le projet de loi qui modifie la loi de 2002 qui a légalisé l'euthanasie en Belgique, en étendant cette possibilité aux enfants de tous âges - ont trouvé un consensus politique, même si elles sont critiquées par l'Église.

Cette loi, qui modifie la loi de 2002, prévoit ce qui suit :

- Il n'y a plus d'âge minimum à partir duquel l'euthanasie est autorisée ;

Les enfants qui souhaitent mettre fin à leur vie doivent être en phase terminale, et non pas simplement souffrir de manière intolérable, comme l'exige le droit des adultes. L'article de loi précise que "l'enfant doit se trouver dans un état médical désespéré, dans une souffrance physique constante et intolérable qui ne peut être soulagée et qui entraînera la mort immédiate à brève échéance, ou qui résulte d'un accident ou d'une maladie pathologique grave et incurable. "

- Introduction du concept de capacité de discernement : l'enfant doit comprendre que la mort

---

[19] Diaconeasa Diana Teodora, *Euthanasie - la limite de la liberté individuelle ?*, p. 5, de www.drept.unibuc.ro, consulté le 04.08.2021.

est irréversible. Cette capacité est évaluée par le psychiatre ;

- Les parents de l'enfant doivent donner leur accord à l'euthanasie si la demande émane de l'enfant.

L'aspect le plus délicat du problème de l'euthanasie chez les enfants est le fait que le psychiatre et les parents peuvent évidemment influencer la "décision" de l'enfant, qui est de toute façon dans un état de souffrance physique en raison de la maladie incurable dont il souffre. En d'autres termes, la valeur de la vie d'un enfant atteint d'une maladie en phase terminale est réduite à la quantité de souffrance que les parents peuvent endurer et à l'avis d'un psychiatre. L'importance primordiale de l'évaluation par un psychiatre de la façon dont un enfant perçoit sa propre euthanasie soulève la question légitime de savoir s'il est normal que ce médecin ait l'autorité finale sur la vie de l'enfant. Après tout, les parents qui parlent à leur enfant gravement malade de la mort imminente lui transmettent souvent la perspective d'une vie après la mort, c'est-à-dire le paradis.

Mais quelle est la vision du ciel de l'enfant ? Que sait-il du paradis ? Peut-être y voit-il un merveilleux terrain de jeu, et nous nous demandons alors si la décision des parents et du médecin d'euthanasier l'enfant est légitime. En d'autres termes : Si un enfant qui souffre physiquement en vient à croire que son âme rejoint le paradis, qui est un endroit merveilleux pour jouer, il est possible que le psychiatre considère cette vision de l'enfant comme un consentement à l'euthanasie.

Après la légalisation de l'euthanasie en Belgique en 2002, ce phénomène a pris une ampleur particulière chez les Belges. En 2017, 2 309 personnes ont été euthanasiées, soit une augmentation de près de 1 000 % par rapport à 2003, où " seulement " 235 personnes ont été soumises à la procédure d'interruption de vie. Si, au départ, la plupart des victimes d'euthanasie étaient des personnes âgées souffrant d'une maladie en phase terminale, l'année dernière, 375 victimes d'euthanasie ne souffraient pas d'une maladie en phase terminale. En outre, 87 d'entre eux ne souffraient pas de maladies susceptibles de provoquer des souffrances physiques.

La plupart des personnes qui ont eu recours à l'euthanasie l'ont fait volontairement, mais tous les Belges qui ont été euthanasiés n'ont pas consenti à mettre fin à leur vie. Deux catégories de victimes de l'homicide légal n'ont pas consenti à ce qu'il soit mis fin à leur vie - les personnes souffrant de maladies dégénératives, ou leur consentement ne peut être considéré comme un argument suffisant - les enfants gravement malades.

### V.3 La réglementation de l'euthanasie en droit français

La législation française divise l'euthanasie en deux catégories, à savoir.

- L'euthanasie active, si elle est due à une intervention médicale, est qualifiée de meurtre avec préméditation ;

- L'euthanasie passive, c'est-à-dire "l'abstention thérapeutique", qui est classée dans la catégorie de l'assistance non médicale.

Le Parlement français a adopté une loi accordant aux patients en phase terminale le droit de refuser un traitement déjà jugé inutile et de mourir sans dépénaliser l'euthanasie. Les principales dispositions de la loi sont les suivantes :

- Si les mesures médicales sont inutiles, disproportionnées ou n'ont d'autre effet que le maintien artificiel de la vie, elles peuvent être suspendues ou ne pas être appliquées ;

- Le droit du patient en phase terminale de refuser un traitement médical est reconnu sur la base d'un consentement éclairé aux conséquences de cette décision. À partir de ce moment, le patient reçoit des soins palliatifs ;

- La validité des documents (testament de vie) dans lesquels le patient a pris des dispositions pour le cas où il ne serait plus en mesure d'exprimer sa volonté ; ils peuvent être révoqués à tout moment, mais ne doivent pas remonter à plus de trois ans ;

- Le médecin doit informer le patient, la famille et les proches s'il ne peut rien faire d'autre qu'appliquer un traitement susceptible de précipiter la mort du patient ;

- Si le patient est inconscient, la décision d'arrêter le traitement doit être prise par un comité médical après consultation de la famille ou des proches et dans le respect des dispositions ci-dessus.

Ces dispositions visent à exclure la décision secrète ou unilatérale du médecin.

- La loi prévoit également l'obligation de créer des espaces pour les soins palliatifs dans les centres Soins.[20]

Cette loi française, intitulée loi Leonetti-Claeys, a été adoptée pour la première fois en 2005 et modifiée en 2016, et vise à faire en sorte que la dernière étape de la vie soit aussi paisible que possible.

Elle autorise une sédation profonde et continue jusqu'au décès du patient, mais interdit "l'obstination injustifiée" et "la prolongation artificielle de la vie" par le corps médical, même chez les patients incapables d'exprimer leur propre volonté. La décision d'arrêter les traitements (et non les soins) est une "décision collégiale" qui doit être prise après avoir entendu les directives anticipées préparées par le patient ou, en son absence, par la personne de confiance qu'il a préalablement désignée.

### V.4 Réglementation de l'euthanasie en droit allemand

En Allemagne, la Cour suprême fédérale a statué le 13 septembre 1994 que la volonté clairement exprimée du patient doit être respectée par le corps médical si le patient est dans un état irréversible. L'euthanasie passive est donc autorisée, à savoir :

- Omission de l'utilisation ou de l'interruption des mesures de maintien en vie à la demande du patient et lorsque le patient incurable est incapable de déclarer sa volonté ;

- L'omission ou l'interruption des mesures de maintien de la vie contre la volonté du patient est illégale.

L'euthanasie active est punie par les infractions pénales de meurtre sur demande et de suicide assisté dans le code pénal allemand, en vertu des articles 216 et 217 :

*Article 216, paragraphe (1) : "Quiconque est déterminé à commettre un meurtre à la demande expresse et sérieuse de la victime est puni d'une peine d'emprisonnement de six mois à cinq ans" ;*

[20] Diaconeasa Diana Teodora, *op. cit.* p. 6

*Alin. (2) : "La tentative est punissable. Le droit de disposer de sa vie ne peut signifier que l'exécution d'un désir de tuer n'est pas punissable. L'auteur de l'acte prévu à l'art. 216 porte atteinte à la vie d'autrui, ce qui est une raison suffisante pour être puni".*

*Article 217, paragraphe (1) : "Quiconque, dans l'intention de provoquer le suicide d'autrui, accorde, procure ou facilite les moyens nécessaires à cette fin, est puni d'un emprisonnement pouvant aller jusqu'à trois ans et d'une amende."* [20]

La tendance en Allemagne est à la légalisation de l'euthanasie ou au moins du suicide assisté par un médecin.

En février 2020, par exemple, la Cour constitutionnelle fédérale a déclaré inconstitutionnelle l'interdiction du suicide assisté par un médecin. "Il existe un droit à l'autodétermination", a déclaré le président du tribunal, Andreas Vohkuhle. Cela inclut la liberté de se suicider et d'utiliser les offres de tiers. L'article 217 du droit pénal allemand rend cela largement impossible, affirment les patients, les médecins et les soignants.

La communication de la Cour du 26 février 2020 indique : " Le *droit général de la personnalité (article 2, paragraphe 1, en liaison avec l'article 1, paragraphe 1, de la Constitution) comprend le droit à une mort autodéterminée. Ce droit comprend la liberté de se suicider et de demander l'aide volontaire de tiers. La décision de l'individu, prise dans l'exercice de ce droit, de mettre fin à sa vie conformément à sa conception de la qualité de vie et du sens de sa propre existence doit être respectée comme un acte d'autodétermination autonome par l'État et la société".*

Une décision à ce sujet n'a pas encore été prise car le gouvernement fédéral veut d'abord examiner et évaluer l'arrêt de la Cour constitutionnelle fédérale, a déclaré le porte-parole du gouvernement, Steffen Seibert, à Berlin. Ce n'est qu'alors que certaines décisions pourront être prises. Le ministere fédéral de la santé a déclaré qu'il devait d'abord examiner si l'on pouvait tirer des conclusions sur les responsabilités dans son domaine de compétence.

### V.5 Réglementation de l'euthanasie en droit espagnol et portugais

La loi sur l'euthanasie est entrée en vigueur en Espagne en juin 2021. L'Espagne est ainsi l'un des rares pays au monde à autoriser les patients atteints d'une maladie en phase terminale à mourir afin de mettre un terme à leurs souffrances.

Le texte "répond à un besoin social et contient des garanties" qui incluent l'euthanasie, a déclaré le ministère du gouvernement de gauche dans un communiqué, faisant de cette loi une priorité adoptée par le Parlement en mars.

L'Espagne est le quatrième pays européen à dépénaliser l'euthanasie, après les Pays-Bas, la

---

[20] *Le code pénal allemand,* sur www.codexpenal.just.ro, consulté le 05.08.2021.

Belgique et le Luxembourg.

Cette loi autorise à la fois l'euthanasie - lorsque le soignant provoque la mort du patient - et le suicide assisté par un médecin - lorsque le patient prend lui-même la dose prescrite du médicament pour mourir.

Elle prévoit que toute personne souffrant d'une "maladie grave et incurable" ou de "douleurs chroniques qui la placent dans un état d'incapacité" peut demander une assistance médicale à mourir et éviter ainsi des "souffrances intolérables".

La procédure est toutefois soumise à des conditions strictes : La personne, qu'elle soit espagnole ou résidant dans le pays, doit être "légalement compétente et consciente" au moment de la demande, la demande doit être faite par écrit et "sans pression extérieure" et renouvelée après quinze jours.

Le médecin a toujours la possibilité de rejeter la demande s'il estime que ces critères ne sont pas remplis ou de s'y opposer pour des raisons de conscience. En outre, la demande doit être approuvée par un autre médecin et recevoir le feu vert d'un comité d'évaluation.

Au Portugal, le parlement a adopté une loi légalisant l'euthanasie en janvier 2021. Le pays est ainsi le septième au monde à autoriser les malades en phase terminale à demander une aide médicale pour mettre fin à leur vie.

Les personnes âgées de plus de 18 ans peuvent demander une aide pour mettre fin à leur vie si elles sont en phase terminale et souffrent de douleurs "prolongées" et "insupportables", à moins qu'elles ne soient jugées suffisamment capables de prendre une telle décision.

Cette procédure n'est ouverte qu'aux citoyens portugais et aux résidents légaux afin d'éviter que des personnes ne se rendent au Portugal pour se faire soigner et mettre fin à leurs jours.

En mars 2021, la Cour constitutionnelle portugaise a déclaré la loi inconstitutionnelle, incitant le président portugais Marcelo Rebelo de Sousa à opposer son veto à la loi légalisant l'euthanasie deux heures après la déclaration d'inconstitutionnalité.

La Cour constitutionnelle a annoncé sa décision, qui a été présentée en avant-première par Rebelo de Sousa le 18 février, deux semaines après l'adoption de la loi par le Parlement de Lisbonne.

La Constitution portugaise prévoit que si une loi est déclarée inconstitutionnelle par la plus haute juridiction du pays, le président doit la bloquer et la renvoyer au parlement pour révision. Le Parlement peut alors réécrire la loi en supprimant les éléments inconstitutionnels ou la confirmer dans sa forme actuelle avec une majorité qualifiée des deux tiers.

Le président portugais a fait valoir dans le recours devant la Cour constitutionnelle que les termes utilisés dans le projet de loi, tels que "souffrance insupportable" et "blessure extrêmement grave selon le consensus scientifique", étaient très ambigus.

Bien que M. de Sousa n'ait pas demandé à la Cour constitutionnelle de se prononcer sur le fond de l'affaire, les juges ont indiqué dans les motifs de l'arrêt que le caractère sacré de la vie humaine garanti par la Constitution ne constitue pas un obstacle insurmontable à la légalisation du suicide assisté par un médecin dans certaines conditions.

## V.6 Réglementation de l'euthanasie en droit britannique

Au Royaume-Uni, des projets de loi visant à légaliser l'euthanasie volontaire ont été présentés à plusieurs reprises au Parlement (1936, 1950, 1969) mais n'ont pas été adoptés. Ces projets de loi contenaient des garanties que le souhait du patient était certainement volontaire.

En 1990, Roland Boyes a présenté un projet de loi sur l'euthanasie au Parlement anglais, mais il a été rejeté. En Angleterre, la loi considère l'euthanasie active volontaire comme un meurtre, mais il existe encore un écart important entre la loi et son application. En cas de maladie grave, les dispositions de la loi ne sont souvent pas appliquées. Les accusations ne sont plus portées et les poursuites sont basées sur des crimes moins graves.

L'euthanasie est donc interdite par la loi au Royaume-Uni, à l'exception des années 1993 et 1994, où les médecins pouvaient supprimer la vie de patients incurables en les débranchant des aides artificielles. En 1997, le Parlement britannique a rejeté par 234 voix contre 89 la septième tentative en 60 ans de modifier la loi sur l'euthanasie et le suicide assisté, malgré des sondages d'opinion indiquant que 82 % de la population souhaitait une réforme. Après une interdiction totale de l'euthanasie en 1997, l'interruption des soins est autorisée dans certains cas depuis 2002. Depuis 2010, des mesures moins systématiques sont prises à l'encontre des personnes qui, par compassion, aident un proche à se suicider alors que ce dernier a clairement exprimé son intention de le faire.

## V.7 Réglementation de l'euthanasie dans certains pays européens

En Italie, la Cour constitutionnelle a dépénalisé le suicide assisté (la personne prend la dose létale unique) en septembre 2019 sous des conditions strictes, alors qu'une loi l'interdit.

La Suisse autorise le suicide assisté et tolère l'euthanasie indirecte (traitement de la souffrance avec effets secondaires possibles, mort) et l'euthanasie passive (interruption du matériel médical de maintien en vie). La Suisse est métaphoriquement devenue le pays du "tourisme du suicide" grâce aux actions de DIGNITAS en faveur du suicide assisté.

En Suède, l'euthanasie passive est légale depuis 2010.

En Autriche, la Cour constitutionnelle a jugé en décembre que le pays violait la Loi fondamentale en faisant du suicide assisté un crime et a ordonné au gouvernement d'adopter une loi pour lever l'interdiction d'ici la fin de 2021.

Au Danemark, outre le code pénal, qui condamne le meurtre même s'il est effectué à la demande de la victime, plusieurs textes mentionnent l'euthanasie sans la nommer.

La loi sur la pratique médicale empêche le médecin de traiter le patient contre sa volonté. En outre, le médecin peut s'abstenir de soigner un "mourant dont la mort est inévitable" si les circonstances ne servent qu'à retarder la mort. Dans les mêmes circonstances, il peut administrer des analgésiques au patient pour soulager ses souffrances, même si cela peut abréger la vie du patient.

La loi sur le statut des patients prévoit qu'un patient peut refuser un traitement qui ne vise qu'à retarder la mort, qu'il peut se voir administrer des analgésiques susceptibles de provoquer des effets secondaires ou qu'il peut rédiger un testament exprimant son refus de tout traitement médical dans certaines circonstances.

En Norvège, l'euthanasie passive est autorisée à la demande du patient en fin de vie ou d'un proche si le patient est inconscient.

En Hongrie, les patients incurables peuvent refuser le traitement.

En Lituanie, l'interruption de traitement en fin de vie est autorisée. C'est également le cas en Slovénie si le patient a exprimé un souhait en ce sens.
En Lettonie, les médecins ne sont pas poursuivis s'ils débranchent un patient en fin de vie pour mettre fin à ses souffrances.
Dans la législation russe, le concept d'euthanasie apparaît pour la première fois, c'est-à-dire la réalisation du souhait d'un patient incurable de hâter sa mort par un acte ou un moyen, y compris l'arrêt des mesures de maintien artificiel de la vie.

Le problème de l'euthanasie dans ce domaine n'a pas encore été suffisamment étudié, de sorte qu'il existe différents points de vue sur ce sujet dans la littérature juridique.

En 1983, le département de médecine légale de l'Institut national de médecine de Rostov a interrogé 180 médecins de diverses spécialités. L'enquête a confirmé que seuls 10 % d'entre eux connaissaient la signification du mot "euthanasie". Certains ont admis la possibilité de l'utiliser dans la pratique. La plupart des gynécologues pensaient qu'il était juste de recourir à l'euthanasie pour les nouveau-nés atteints de diverses maladies congénitales incurables ou d'asphyxie profonde. Dans une enquête analogue réalisée en 1998 auprès de 122 médecins exerçant la médecine depuis au moins dix ans, 50 % d'entre eux étaient favorables à une réglementation légale de l'euthanasie active et passive, 32 sur 100 étaient favorables à l'euthanasie passive uniquement, et seuls 8 % des répondants étaient opposés à toute forme d'euthanasie.

Selon la Constitution de la Fédération de Russie, toute personne a un droit direct à la vie, ce qui présuppose, entre autres, la possibilité de s'autodéterminer sur la vie, ce qui, d'une certaine manière, conduit à l'idée que l'euthanasie serait possible dans ce pays.

En République de Moldavie, l'euthanasie est mentionnée dans la loi de 1995 sur les soins de santé. Le problème est résolu de manière simple et sans ambiguïté pour tous les cas, sans exception : "Le souhait du patient de mettre fin à sa vie par voie médicamenteuse (euthanasie) ne peut être respecté". En outre, ces actes sont passibles de sanctions pénales en vertu du code pénal de la République de Moldavie. L'article 148 prévoit que le fait de priver un mineur de la vie en raison d'une maladie incurable ou de tortures physiques insupportables est puni d'une peine d'emprisonnement de 3 à 7 ans. Ainsi, en République de Moldavie, l'euthanasie est interdite et il n'y a pas de cas connu d'"euthanasie active", mais il existe des cas d'"euthanasie passive", où des bébés de faible poids de naissance ne reçoivent pas les soins nécessaires et sont déclarés comme des "avortements". Les cas d'"euthanasie passive" comprennent également les enfants nés avec diverses malformations qui meurent faute de soins médicaux - neurochirurgie, chirurgie cardiaque, etc. - mourir.

### V.8 Réglementation de l'euthanasie dans le droit roumain

Comme dans d'autres systèmes juridiques, la question est de savoir si le droit à la vie est présent ou non, et la discussion porte alors sur la primauté du droit à la liberté sur le droit à la vie. [21]

En ce qui concerne la législation roumaine sur l'euthanasie, le code pénal Carol II, adopté en 1936, prévoyait à l'art. 468 paragraphe (1) : "Quiconque tue une personne à sa demande persistante et répétée commet le crime de meurtre sur demande et est puni d'un emprisonnement sévère de 3 à 8 ans", et selon le paragraphe (3) du même article : "La peine est un emprisonnement de 1 à 5 ans si, conformément aux paragraphes précédents, l'acte a été commis par compassion pour mettre fin à l'agonie physique d'une personne souffrant d'une maladie incurable et dont la mort était donc inévitable".

Le professeur Alexandru Boroi indique dans l'exposé des motifs que l'art. 468 CSC 1936 "vise à écarter les discussions de la doctrine selon laquelle le consentement de la victime supprimerait la responsabilité pénale de l'acte". [22]

Pour le législateur de 1936, l'euthanasie était donc envisagée comme une forme atténuée de meurtre[23], la peine étant comparée au maximum de 25 ans de travaux forcés prévu par l'article 463 pour le délit de meurtre typique.

En vertu des dispositions du code pénal de 1969, l'euthanasie, en l'absence de dispositions spécifiques la concernant, était incluse dans les actes de meurtre simple, de meurtre qualifié et de meurtre particulièrement aggravé aux articles 174, 175 et 176, et dans l'assistance au suicide à l'article 179, selon les circonstances. Par exemple, si l'auteur avait la qualité de conjoint, l'acte était sanctionné comme un meurtre qualifié (art. 175 c), et si l'auteur avait déjà commis un meurtre, l'acte était qualifié de meurtre particulièrement aggravé (art. 176 c). Dans le cadre de la relation entre les médecins et les patients, ces derniers se sont vu accorder le droit de refuser ou d'interrompre une intervention. [24]

Si une intervention d'urgence est nécessaire et que le patient est incapable d'exprimer sa volonté, le médecin peut déduire le consentement du patient de ses expressions antérieures ; selon l'article 17 de la loi 46/2003, dans les cas où le consentement du représentant légal est requis et que celui-ci s'oppose à l'intervention considérée par les médecins dans l'intérêt du patient, la décision appartient à une commission spécialisée. Ainsi, le consentement du patient est requis pour toute intervention, un consentement éclairé fondé sur le droit à la vie. Dans ce cas, il ne s'agit pas d'euthanasie, car l'acte du médecin ne tombe pas sous le coup de l'infraction de meurtre, puisque ses éléments constitutifs ne sont pas réunis. Le fait de ne pas commencer et de ne pas poursuivre le traitement constitue un comportement de la part du patient, qui est responsable de son comportement

---

[21] V. Dongoroz et al, *Explications théoriques du Code pénal roumain,* Vol. III, éd. Academiei, Bucarest, 1971, p.112.

[22] Alexandru Boroi, *Euthanasie - Concept, controverse et réglementation,* in "Revista de Drept Penal" nr. 2/1995, p.80, cité par C. Ratescu, T. Pop, V. Dongoroz, H. Aznavorian, M. Papadopolu, N. Pavelescu, GH. Periteanu, *(Code pénal annoté Carol II, partie spéciale),* vol. III, éd. Socec, Bucarest, 1937, p. 100.

[23] Diaconeasa Diana Teodora, *op. cit.* p. 7, cité par Dana-Luiza Tamasanu (L'*euthanasie dans le droit pénal roumain,* dans la revue "Dreptul" n° 5/2005).

[24] Conformément à l'article 14 de la loi n° 46/21.01.2003 sur les droits des patients.

en vertu de la loi 46/2003.

Le code pénal actuel réintroduit l'infraction de meurtre à la demande de la victime comme une forme atténuée de meurtre à l'article 190, redéfinissant ainsi la réglementation de l'euthanasie conformément à la tradition existante dans le droit roumain (article 468 du code pénal de 1936) ainsi que dans la plupart des codes européens.

Selon l'art. 190 C., le délit d'homicide sur demande de la victime consiste en "l'homicide explicite, grave, délibéré et répété de la victime qui était atteinte d'une maladie incurable ou d'une affection grave entraînant des souffrances permanentes et insupportables" et est puni d'un emprisonnement de 1 à 5 ans.

Le délit d'euthanasie active prévu par le code pénal actuel ancre dans la conscience collective le fait que la vie d'une personne n'est pas une valeur disponible, de sorte que dans le cas typique de ce délit, le consentement de la victime n'est pas une raison justificative au sens de l'article 22 du code pénal, mais une raison juridique pour atténuer la responsabilité pénale. [25]

Ce crime a un sujet passif spécial, à savoir une personne physique atteinte d'une maladie incurable ou d'une infirmité grave causant des souffrances permanentes, la condition essentielle pour maintenir le crime d'homicide sur demande de la victime et non de meurtre étant la certification médicale de la maladie ou de l'infirmité du patient.

L'euthanasie peut également être commise de manière passive par l'inactivité, par exemple le médecin qui n'effectue plus le traitement nécessaire au maintien en vie du patient ou qui n'exécute plus les mesures de réanimation est pénalement responsable de l'homicide sur demande de la victime si les autres conditions sont remplies. sur le comportement et l'état du sujet passif.

Ces exigences pour l'inclusion de l'acte médical dans l'art. 190 C. pen.se réfère à : la formulation d'une volonté expresse, sérieuse, consciente et répétée et la présence d'une maladie incurable ou d'une maladie grave causant des souffrances physiques et psychiques permanentes et intolérables, sinon l'auteur est coupable de meurtre simple ou aggravé. Si l'acte du médecin n'est pas direct, mais concerne l'aide au patient à travers diverses explications, ce fait peut être inclus dans l'art. 191 C. pen. qui réglemente le délit d'assistance au suicide si le patient tente ou même réussit à se suicider selon les informations qui lui ont été données, par exemple si le médecin explique au patient comment se déconnecter d'un appareil et que le patient met en pratique les informations reçues et met fin à sa vie. [26]

De même, l'acte du médecin qui décharge le patient au motif que l'on ne peut plus rien faire pour son traitement constitue un acte d'euthanasie passive du point de vue du serment d'Hippocrate,

---

[25] Riza Andrada Adela, *Sur la possibilité de légaliser l'euthanasie dans le cadre de l'exercice du droit à l'autodétermination,* de www.asandru.ro, consulté le 05.08.2021, citant S.Bogdan, D. Serban, *Criminal Law. La partie spéciale. Infractions contre la personne et contre l'administration de la justice,* Ed. Universul Juridic, Bucarest, 2017, p.55 et suivantes.

[26] Laura Stanila, *Obsession thérapeutique. Le pour et le contre de l'euthanasie - nouveaux défis pour la législation roumaine,* de www. drept.uvt.ro., consulté le 01.08.2021.

mais cet acte du médecin n'est pas qualifié d'infraction punissable car cette forme d'euthanasie passive est tolérée dans tous les systèmes juridiques européens.

## VI. La jurisprudence de la Cour européenne des droits de l'homme entre le droit à la liberté et le droit à la vie

Il convient de noter d'emblée qu'il n'existe actuellement aucune règle internationale prévoyant des décisions contraignantes en matière de traitement palliatif pour les personnes en phase terminale d'une maladie incurable. Cependant, il existe des décisions de traitement palliatif en vertu du droit international et européen des droits de l'homme. Ceux-ci ne sont toutefois pas obligatoires, mais il convient de noter que la Convention européenne des droits de l'homme de 1950 du Conseil de l'Europe et, en particulier, la jurisprudence de la Cour européenne des droits de l'homme sont de très bonnes sources d'information à ce sujet. Ces droits de l'homme, qui sont cruciaux pour la nécessité de prendre des décisions en matière de soins palliatifs, sont : le droit à la vie, le droit à la protection contre les traitements inhumains ou dégradants et le droit à la vie privée. [27]

Dans la Déclaration universelle des droits de l'homme de 1948, la nécessité de protéger la vie humaine est apparue clairement au vu des crimes commis avant et pendant la Seconde Guerre mondiale L'article 3 de cette déclaration stipule que "tout individu a droit à la vie, à la liberté et à la sûreté de sa personne". Plus tard, le Pacte international relatif aux droits civils et politiques de 1966 a adopté un équivalent juridiquement contraignant de cette disposition à l'article 6, paragraphe 6. (1), qui stipule que "le droit à la vie est un droit inhérent à la personne humaine. Ce droit doit être protégé par la loi. Nul ne peut être arbitrairement privé de la vie. "Nous affirmons ici que le droit à la vie est le droit humain le plus important. Cependant, l'idée de soins palliatifs obligatoires pour le patient incurable ne découle pas non plus de ce texte.

Cela soulève naturellement plusieurs questions : est-il normal que le patient renonce à ce droit à la vie ? Qu'est-ce qui est le plus important : le droit de l'homme à la vie ou le droit à la liberté ? Les soins palliatifs sont-ils obligatoires pour un patient incurable ?

Nous ne trouverons pas de réponses claires à ces questions, car les avis sont très partagés, allant du rejet absolu du droit à la vie, car le droit à la liberté de la personne humaine est considéré comme beaucoup plus important, à l'acceptation obligatoire du droit à la vie, indépendamment de ce que le patient ou ses proches veulent, car il n'y a pas de droit à la mort. Il existe également une position intermédiaire, dans laquelle il ne soutient la législation sur l'euthanasie que si elle fournit des garanties quant à l'authenticité du désir de mourir, ainsi que la manière spécifique dont le patient peut renoncer de manière acceptable à son droit à la vie. [28]

Dans la Convention européenne des droits de l'homme, le droit à la vie est consacré par l'article 2, qui dispose que nul ne peut être intentionnellement privé du droit à la vie, si ce n'est en

---

[27] Emanuel Tavala, *Est-ce un devoir de mourir en Europe ? Si ce n'est pas maintenant, quand ? L'euthanasie et le suicide médicalement assisté dans une perspective juridique,* in " Revista Romana de Drept Privat " n° 4/2017, p. 224.

[28] Emanuel Tavala, *Est-ce un devoir de mourir en Europe ? Si ce n'est pas maintenant, quand ? L'euthanasie et le suicide médicalement assisté dans une perspective juridique,* in " Revista Romana de Drept Privat " n° 4/2017, p. 224.

exécution d'une sentence prononcée par un tribunal à la suite d'une condamnation pour une infraction pénale pour laquelle une telle peine est prévue par la loi. Toutefois, cet article ne s'écarte en rien de l'idée de décisions relatives aux traitements palliatifs, et la jurisprudence de la Cour européenne des droits de l'homme varie dans son approche et les décisions prises à cet égard.

Dans l'affaire Glass c. Royaume-Uni (2004) - requête n° 61827/00 Glass - une mère a introduit une plainte au titre de l'article 2 de la Convention contre le National Health Services Trust of Portsmouth Hospitals et ses médecins. Elle a allégué qu'ils ont mis en danger la vie de son fils malade en lui administrant une dose adulte d'un sédatif pour soulager la douleur (diamorphine) et en plaçant une ordonnance de non-réanimation dans son dossier médical sans son consentement ni sa connaissance. La Cour n'a pas nié que les actes et omissions des professionnels de la santé peuvent, dans certaines circonstances, affecter la responsabilité de l'État défendeur au titre de la CEDH (paragraphe 71). Toutefois, lorsqu'un organe de l'État a pris des mesures appropriées pour assurer des normes professionnelles élevées au personnel médical et pour protéger la vie des patients, une faute professionnelle dans le traitement d'un patient (même si elle est établie) ne suffit pas en soi à rendre cet État responsable de l'obligation de protéger la vie consacrée par l'article 2 de la Convention. Enfin, la Cour considère que ce grief est non fondé et donc irrecevable. [29]

L'arrêt Pretty c. Royaume-Uni (2002) - (Requête n° 2346/02, Pretty) a fourni la première décision explicite de la Cour européenne des droits de l'homme sur la relation entre l'interruption délibérée de la vie sur demande et l'article 2 de la Convention, en d'autres termes entre le droit à la vie et le droit à la liberté de la personne humaine. La requérante, Diane Pretty, souffrait de la maladie du motoneurone (MND) et était en phase terminale de la sclérose latérale amyotrophique, une maladie musculaire dégénérative et incurable. La phase finale de la maladie étant douloureuse et indigne, la requérante souhaitait pouvoir déterminer elle-même comment et quand elle allait mourir. En raison de sa maladie, la plaignante était incapable de se suicider sans l'aide qu'elle souhaitait recevoir de son mari. Bien que le suicide ne soit pas considéré comme un crime en droit anglais, le suicide assisté l'est. Les autorités ayant rejeté sa demande, la plaignante s'est plainte que son mari ne pouvait être poursuivi s'il l'avait aidée à mourir. Selon Mme Pretty, l'article 2 protège non seulement le droit à la vie, mais aussi le droit de choisir de continuer à vivre ou non. Elle était convaincue que l'article incluait le *droit de mourir.* [30]

La Cour a jugé que l'article 2 (droit à la vie) de la Convention et a estimé que le droit à la vie ne peut être interprété comme garantissant le droit diamétralement opposé, à savoir le droit à la mort, sans dénaturer le langage. La Cour a également conclu à la violation de l'article 3 (interdiction des traitements inhumains ou dégradants) de la Convention. Cependant, malgré sa sympathie pour la crainte du requérant que, sans la possibilité de mettre fin à sa vie, il soit confronté à la perspective d'une mort pénible, l'obligation positive de l'État sur laquelle il se fonde l'obligerait à autoriser les

---

29 Ibid.

30 Emanuel Tavala, *Est-ce un devoir de mourir en Europe ? Si ce n'est pas maintenant, quand ? L'euthanasie et le suicide assisté d'un point de vue juridique,* in " Revista Romana de Drept Privat " n°4/2017, p. 226, citant C. Barsan, *La question de l'euthanasie devant la Cour de Strasbourg : la Convention reconnaît-elle un droit à mourir ?* in " PR " n°4/2002, p.174193.

actes visant à mettre fin à sa vie, obligation qui ne découle pas de l'article 3. Enfin, la Cour a jugé que les articles 8 (droit au respect de la vie privée), 9 (liberté de conscience) et 14 (interdiction de discrimination) de la Convention.

Après l'affaire Pretty, la Cour a réitéré ce point de vue dans plusieurs autres arrêts, tels que Gross c. Suisse (2014) - requête n° 67810/10, Gross. Dans cette affaire, la requérante, une femme âgée - qui souhaitait mettre fin à sa vie alors qu'elle ne souffrait pas d'une maladie clinique - se plaignait de ne pas pouvoir obtenir l'autorisation des autorités suisses pour administrer une dose létale d'un médicament destiné au suicide. La requérante se plaignait qu'en lui refusant le droit de décider elle-même par quels moyens et à quel moment il devait être mis fin à sa vie, les autorités suisses avaient violé l'article 8 (droit au respect de la vie privée et familiale) de la Convention.

Dans l'arrêt de chambre du 14 mai 2013, la majorité de la Cour a jugé que l'art. 8 (droit à la vie privée) de la Convention avait été violé. Elle a notamment constaté que la législation suisse n'était pas suffisamment claire quant aux conditions dans lesquelles le suicide assisté était autorisé. L'affaire a ensuite été renvoyée devant la Grande Chambre à la demande du gouvernement suisse. En janvier 2014, le gouvernement suisse a informé la Cour qu'il avait appris que le requérant était décédé en novembre 2011. Dans un arrêt de la Grande Chambre du 30 septembre 2014, la majorité de la Cour a déclaré la requête irrecevable. Elle a conclu que la requérante avait eu l'intention d'induire la Cour en erreur sur une question relative au fond de sa plainte. Elle avait notamment pris des précautions particulières pour éviter que les informations relatives à son décès ne soient divulguées à son avocat, et donc à la Cour, afin d'éviter que la Cour européenne de justice n'interrompe la procédure dans son cas.

Par conséquent, la Cour a estimé que la requérante avait, par son comportement, abusé du droit d'introduire un recours individuel [art. 35 par. 3 a) et par. 4 de la Convention]. En raison de cette décision, les conclusions de l'arrêt de la chambre du 14 mai 2013, qui ne sont pas devenues définitives, ne sont plus valables.

Selon l'art. 8 para. (1) de la Convention, "toute personne a droit au respect de sa vie privée et familiale, de son domicile et de sa correspondance". Le droit à la vie privée est particulièrement important lorsqu'il s'agit de décisions relatives aux soins palliatifs. Le droit à la vie privée énoncé à l'article 8 de la Convention est pertinent en ce qui concerne le suicide assisté, tout comme la définition des conditions légales pour obtenir des médicaments pour mettre fin à la vie (suicide).

Une affaire qui a atteint la Cour européenne des droits de l'homme dans le contexte du suicide assisté est Koch c. Allemagne (2012) - Requête n° 497/2009, Koch - similaire à l'affaire Pretty. En 2004, l'épouse du requérant, qui souffrait d'une quadriplégie complète, demanda sans succès à l'Institut fédéral des médicaments et de la médecine une dose létale d'un médicament qui lui aurait permis de se suicider chez elle en Allemagne. Le recours administratif déposé par le plaignant et son épouse a été rejeté.

En février 2005, le couple se rend en Suisse, où l'épouse se suicide avec l'aide d'une association. En avril 2005, le plaignant a introduit, sans succès, un recours visant à faire constater l'illégalité des décisions de l'Agence fédérale. Ses recours ultérieurs devant le tribunal administratif, le tribunal administratif supérieur et la Cour constitutionnelle fédérale ont été déclarés irrecevables. Le plaignant se plaignait notamment que le refus des juridictions internes d'examiner le bien-fondé de sa plainte violait son droit au respect de sa vie privée et familiale. En particulier, compte tenu de la relation particulièrement étroite entre le requérant et son épouse et de son implication directe dans la réalisation du souhait de cette dernière de mettre fin à ses jours, la Cour a estimé qu'il pouvait prétendre être directement affecté par le refus de l'autorisation de recevoir une dose létale de médicament.

Elle a estimé qu'en l'espèce, il y avait eu violation des droits procéduraux du requérant au titre de l'article 8 (droit au respect de la vie privée et familiale) de la Convention en ce qui concerne le refus des juridictions allemandes d'examiner le bien-fondé de la plainte. En ce qui concerne le bien-fondé de la plainte du requérant, la Cour a estimé qu'il appartenait en premier lieu aux juridictions allemandes d'examiner le bien-fondé de la plainte, compte tenu notamment du fait qu'il n'existe pas de consensus entre les États membres du Conseil de l'Europe sur la question de savoir si une forme quelconque de suicide assisté est autorisée ou non (p. 70).

Haas c. Suisse (2011) - Requête n° 31322/07, Haas. Cette affaire portait sur la question de savoir si l'État aurait dû garantir, sur la base du droit au respect de la vie privée, qu'une personne malade souhaitant se suicider puisse, en dérogation à la loi, se procurer une substance létale (pentobarbital de sodium) sans ordonnance afin de mettre fin à sa vie sans douleur et sans risque d'échec.

Le plaignant - qui souffre de graves troubles bipolaires depuis une vingtaine d'années et estime qu'il ne peut donc plus vivre dignement - a affirmé que son droit de mettre fin à sa vie de manière sûre a été violé en Suisse par les conditions qui devaient être remplies - et qui ne l'ont pas été - pour recevoir la substance en question.

La Cour a statué sur l'article 8 (droit à la vie privée) de la Convention et a estimé que, même en supposant que les Etats ont une obligation positive de prendre des mesures pour faciliter le suicide dans la dignité, les autorités suisses n'avaient pas violé cette obligation dans le cas du requérant. En particulier, la Cour a noté que les États membres du Conseil de l'Europe sont loin de parvenir à un consensus sur le droit d'une personne de décider comment et quand mettre fin à sa vie. Bien que le suicide assisté ait été (au moins partiellement) dépénalisé dans certains États membres, la grande majorité d'entre eux semblent attacher plus d'importance à la protection de la vie d'une personne qu'au droit d'y mettre fin. La Cour a conclu que les États disposent d'une large marge d'appréciation en la matière. Tout en reconnaissant que le requérant souhaitait se suicider en toute sécurité et dans la dignité, sans douleur inutile, la Cour a considéré que l'obligation de prescription du pentobarbital sodique prévue par la législation suisse poursuivait un but légitime, à savoir protéger les personnes de décisions hâtives et prévenir les abus, les risques d'un système facilitant l'accès au suicide assisté ne devant pas être sous-estimés. La Cour a considéré que l'exigence d'une prescription délivrée sur la base d'une évaluation psychiatrique approfondie est un moyen de se conformer à l'obligation faite aux États d'établir une procédure qui garantit que la décision d'une personne de mettre fin à sa vie reflète véritablement sa libre volonté.

Enfin, quant à la question de savoir si le requérant avait effectivement eu accès à une expertise médicale lui permettant de recevoir du pentobarbital sodique (sans quoi son droit de décider lui-même quand et comment il voulait mourir aurait été théorique et illusoire), la Cour n'est pas convaincue par son témoignage selon lequel il avait été impossible de trouver un spécialiste pouvant l'aider.

Le 5 juin 2015, la Grande Chambre de la Cour européenne des droits de l'homme a rendu un arrêt dans l'affaire *Lambert et autres* c. *France* - Requête n° 46043/14, *Lambert.* Cette décision ouvre pratiquement la voie à la reconnaissance du droit à mourir, même si elle est assez prudente à ce stade, sans pour autant exclure des évolutions claires dans ce sens.

En l'espèce, les requérants sont les parents, un demi-frère et une sœur de Vincent Lambert, qui a été blessé à la tête lors d'un accident de voiture en 2008 et qui est paraplégique depuis lors. Ils se plaignaient notamment de l'arrêt du Conseil d'État français du 24 juin 2014, qui se fondait notamment sur un rapport médical établi par un comité de trois médecins et déclarait légale la décision du médecin traitant de Vincent Lambert du 11 janvier 2014 d'arrêter la nutrition et l'hydratation artificielles.

En particulier, les requérants ont fait valoir que l'arrêt de l'hydratation et de l'alimentation artificielle violait les obligations de l'État au titre de l'article 2 (droit à la vie) de la Convention européenne des droits de l'homme. La Cour a estimé que l'art. 2 (droit à la vie) de la Convention européenne des droits de l'homme n'a pas été violé dans le cas de l'exécution de l'arrêt du Conseil d'État du 24 juin 2014. La Cour a notamment relevé qu'il n'existait pas de consensus entre les Etats membres du Conseil de l'Europe sur l'arrêt d'un traitement visant à maintenir les fonctions vitales. Dans ce domaine, qui vise à mettre fin à la vie, il faut laisser aux États une marge d'appréciation. La Cour a estimé que les dispositions de la loi du 22 avril 2005, telles qu'interprétées par le Conseil d'État, fournissent un cadre juridique suffisamment clair pour encadrer précisément les décisions des médecins dans des situations telles que la présente. La Cour était consciente de l'importance des problèmes soulevés dans cette affaire, qui impliquait des questions médicales, juridiques et éthiques extrêmement complexes. Dans ces conditions, la Cour rappelle qu'il appartient en premier lieu aux autorités nationales de déterminer la compatibilité de la décision d'arrêt de traitement avec le droit interne et la Convention, et de s'assurer de la volonté du patient conformément au droit interne. Le rôle de la Cour est d'examiner si l'Etat respecte ses obligations positives au titre de l'article 2 de la Convention.

La Cour a constaté la compatibilité avec les exigences de l'article 2, le cadre juridique fourni par le droit interne tel qu'interprété par le Conseil d'État, et le processus décisionnel, qui a été mené avec soin. La Cour a conclu que l'affaire en cause avait fait l'objet d'un examen approfondi au cours duquel toutes les opinions ont pu être exprimées et que tous les aspects avaient été soigneusement examinés à la lumière tant d'un rapport médical détaillé que des avis généraux des plus hautes instances médicales et éthiques.

L'affaire Lambert contre France s'avère tragique, mais n'est pas un cas isolé. Dans de nombreux pays, les patients et les membres de leur famille sont confrontés à des dilemmes de fin de vie. L'affaire Lambert est similaire à celle de Terri Schiavo, aux États-Unis, qui était dans un état végétatif depuis 12 ans et dont le mari voulait lui couper les vivres et les fluides, tandis que ses parents adoptaient la position inverse. Un tribunal fédéral a tout annulé et le tube d'alimentation a été retiré. Ces affaires portent sur les concepts de dignité humaine et de caractère sacré de la vie. [31]

Les partisans de l'avortement thérapeutique insistent sur le fait qu'une éventuelle poursuite de l'administration ne signifie rien d'autre que la poursuite de l'existence biologique, et ceux qui s'opposent à toute méthode ou mesure d'avortement thérapeutique reconnaissent que la vie et la dignité humaine sont sacrées et que cela ne dépend pas de l'exercice de la capacité à prendre de telles décisions. Ceux appartenant au deuxième camp ont montré que la plupart des juges sous-estimaient en fait la valeur de la vie humaine.

1. Affaires Jack Nicklinson c. Royaume-Uni et Paul Lamb c. Royaume-Uni - Requêtes n° 2478/15 et 1787/15.

Les deux affaires portent sur l'interdiction du suicide assisté et de l'euthanasie volontaire en droit britannique. L'assistance au suicide est interdite en vertu de l'art. 2 al. (1) de la loi sur le suicide de 1961, et l'euthanasie volontaire est considérée comme un homicide en droit britannique.

La requérante dans la première affaire était la veuve de M. Tony Nicklinson. À la suite d'une attaque cérébrale en 2005, M. Nicklinson a souffert du "locked-in syndrome" (pseudocome), qui a préservé ses facultés mentales, mais l'a laissé paralysé à partir du cou et incapable de parler. Le demandeur dans la deuxième affaire, M. Lamb, était paralysé à la suite d'un accident de voiture. M. Nicklinson a introduit un recours visant à faire déclarer que soit le traitement médical pour mettre fin à la vie n'était pas une infraction pénale parce qu'il pouvait être justifié par l'exception de nécessité en common law, soit que les dispositions légales relatives à l'homicide et au suicide assisté violaient ses droits consacrés par les articles 2 et 8 de la Convention a été rejeté. En ce qui concerne l'euthanasie volontaire, la Divisional Court a conclu que " la Cour aurait tort de considérer que l'article 8 exige que l'euthanasie volontaire soit un moyen de défense dans le cas d'une accusation de meurtre, car une telle opinion irait bien au-delà de toute prise de position de la Cour sur le sujet, serait contraire à la jurisprudence antérieure des tribunaux nationaux et de la Cour de Strasbourg, et abuserait des pouvoirs du Parlement " (p. 13). 2 para. (1) de la loi de 1961 sur l'aide au suicide, la Haute Cour a estimé que cette question devait être résolue par le Parlement. Après le décès de M. Nicklinson des suites d'une pneumonie, son épouse veuve a poursuivi la procédure en son nom et au nom de son mari.

Suite au rejet du recours devant la Cour d'appel en juillet 2013, les requérants se sont pourvus en cassation en se focalisant exclusivement sur la compatibilité avec l'art. 8 de la Convention sur l'interdiction du suicide assisté. En juin 2014, la Cour suprême a rejeté l'appel au motif qu'il appartenait au Parlement de résoudre cette question sensible. Mme Nicklinson s'est plainte du fait que les juridictions nationales ne se sont pas prononcées sur la compatibilité de la loi britannique sur le suicide assisté avec le droit de son mari et son droit au respect de sa vie privée et familiale, consacré par l'article 8. 8 La Cour a déclaré cette partie de la requête irrecevable au motif qu'elle était

---

[31] Emanuel Tavala, *Est-ce un devoir de mourir en Europe ? Si ce n'est pas maintenant, quand ? L'euthanasie et le suicide médicalement assisté dans une perspective juridique,* in " Revista Romana de Drept Privat " n° 4/2017, p. 229.

manifestement non fondée, l'article 8 n'imposant pas d'obligation procédurale obligeant les juridictions nationales à examiner le bien-fondé d'une contestation d'une disposition légale. Elle a considéré que le bien-fondé de la demande de Mme Nicklinson avait été examiné par une majorité de la Cour suprême.

Le deuxième requérant, M. Lamb, se plaignait, au titre des articles 6, 8, 13 et 14, de l'absence de procédure judiciaire permettant d'autoriser l'euthanasie volontaire. Comme la plainte du requérant devant la Cour suprême ne retenait que la fin de la demande d'interdiction de l'euthanasie, mais pas l'argument de l'euthanasie volontaire, la Cour a rejeté sa demande de ne pas épuiser les voies d'attaque internes.

2. Gard c. Royaume-Uni et autres - 27 juin 2017

Cette affaire concernait Charlie Gard, un enfant atteint d'une maladie héréditaire rare et mortelle. En février 2017, l'hôpital traitant a demandé aux tribunaux nationaux de se prononcer sur la légalité de mettre fin à la respiration artificielle et de fournir à Charlie des soins palliatifs. Les parents de Charlie ont également demandé aux tribunaux de se prononcer sur la question de savoir s'il serait dans l'intérêt de leur fils de subir un traitement expérimental aux États-Unis. Les tribunaux nationaux ont statué que la décision de l'hôpital d'interrompre le traitement pour maintenir les fonctions vitales serait légale, étant donné que Charlie risquerait d'être confronté à une souffrance importante si son état actuel était prolongé sans réelle perspective d'amélioration, et que la thérapie expérimentale n'aurait aucun avantage effectif.

Dans la procédure devant la Cour européenne, les parents de Charlie - en leur nom propre et au nom de leur fils - ont fait valoir, au titre de l'article 2 (droit à la vie) de la Convention, que l'hôpital avait refusé à Charlie l'accès à un traitement permettant de maintenir ses fonctions vitales (aux États-Unis) et, au titre de l'article 5 (droit à la liberté et à la sécurité), qu'il était donc illégalement privé de liberté. Ils ont également fait valoir qu'en vertu de l'article 6 (droit à un procès équitable) et de l'article 8 (droit au respect de la vie privée et familiale), les décisions des juridictions nationales constituaient une ingérence injuste et disproportionnée dans leurs droits parentaux.

La majorité de la Cour a confirmé l'approche des juridictions nationales et a donc déclaré le recours irrecevable. En particulier, la Cour a tenu compte de la marge d'appréciation considérable laissée aux autorités compétentes en ce qui concerne l'accès aux médicaments expérimentaux pour les patients en phase terminale et dans les cas soulevant des questions morales et éthiques sensibles, réaffirmant qu'il n'appartient pas à la Cour de se substituer aux autorités nationales compétentes.De ce point de vue, la Cour a attaché de l'importance au fait qu'il existait un cadre juridique interne - compatible avec la Convention - régissant tant l'accès aux médicaments expérimentaux que l'arrêt du traitement pour le maintien des fonctions vitales. En outre, les décisions des juridictions nationales étaient prudentes, détaillées et examinées dans trois cas avec une motivation claire et détaillée qui fournissait une base pertinente et suffisante pour leurs conclusions ; les juridictions nationales ont eu des contacts directs avec toutes les parties impliquées (en particulier, elles ont entendu tous les experts médicaux impliqués dans le traitement ainsi que les experts appelés par les requérants, les propres parents de Charlie et un tuteur professionnel indépendant de l'enfant ;Il était approprié que l'hôpital renvoie aux tribunaux britanniques tout doute sur la meilleure décision à prendre et, enfin, les tribunaux nationaux ont conclu, sur la base de preuves d'experts détaillées et de haute qualité, que Charlie allait probablement continuer à être soumis à la douleur et à la souffrance et que la poursuite d'un traitement expérimental sans perspective de succès ne serait d'aucune utilité et continuerait à lui causer un préjudice important.

3. Affaire Afiri et Biddarri contre la France - 23 janvier 2018

L'affaire concernait la décision d'interrompre le traitement visant à maintenir les fonctions vitales d'un mineur de 14 ans qui se trouvait dans un état végétatif en raison d'une insuffisance cardiorespiratoire aiguë. Les plaignants, ses parents, se sont notamment plaints du fait que la décision d'arrêter le traitement de leur enfant mineur a finalement été laissée au médecin, malgré leur objection. Les plaignants ont fait valoir qu'en leur qualité de parents et de tuteurs, ils devraient avoir le droit de prendre la décision conjointement dans le cadre d'une action collective.

La Cour a déclaré la demande irrecevable car elle était manifestement non fondée. Elle a notamment constaté que le cadre juridique applicable était conforme à l'article 2 (droit à la vie) de la Convention et que, même si les requérants n'étaient pas d'accord avec le résultat du processus décisionnel mené par les médecins, la procédure était conforme aux exigences de cet article. La Cour a également estimé que le droit français offrait une voie de recours conforme aux exigences de l'art. 2 .

Comme nous l'avons noté, les trois positions sur le droit à la vie s'accordent sur le fait que, qu'il s'agisse du droit de mourir ou de ne pas violer le caractère sacré de la vie, le patient doit être informé avec respect et de manière appropriée de son état, de son objection de conscience à l'égard de son soignant et de certaines procédures pour mettre fin à sa vie.

Comme nous l'avons constaté avec la position de la Cour européenne des droits de l'homme, cet aspect est également une fluctuation, mais aussi une évolution, et les législations nationales sur la fin de vie, l'euthanasie et le suicide assisté sont très différentes. Cependant, il est bon de se demander s'il ne serait pas préférable d'avoir et d'appliquer des lois qui réglementent cette question. Une chose est sûre : lorsque les lois interdisent ce droit à la mort tant attendu, elles n'expriment rien d'autre que le respect et la valeur de la vie humaine, et c'est peut-être pour cela que la plupart des lois nationales interdisent l'euthanasie et le suicide assisté.

## VII. L'euthanasie dans une perspective chrétienne

Il faut mentionner d'emblée que tout acte qui met en danger la vie d'autrui est un crime, et dans notre cas, il s'agit d'un meurtre par compassion. Impressionnante et douloureuse à la fois est la lutte massive que des membres de la société civile (sociologues, professionnels de la santé, avocats, juges), des professionnels (médecins qui ont le devoir de se battre "pour la vie" et non "pour la mort") et les malades eux-mêmes ont récemment menée pour l'euthanasie, le "meurtre par pitié".

La tendance "pro-mort" semble l'emporter dans la bataille "pro-vie", qui devient de plus en plus faible. Le véritable malheur de notre époque n'est pas que de plus en plus de personnes soient euthanasiées, mais que l'euthanasie existe et soit légale dans de nombreux pays. L'impulsion en faveur d'une telle pratique et de sa législation est venue de la communauté scientifique (même des prix Nobel) qui a utilisé des mots tels que : "mourir dans la dignité", "le droit de décider de son propre sort", "la liberté de décider de sa propre vie", etc. [33]

La différence fondamentale entre l'euthanasie et le suicide est que l'euthanasie est plus "objectivement" justifiée que le suicide. Les suicides sont "le résultat de la faiblesse de caractère de l'individu en termes d'adaptation aux situations difficiles et de manque de vie" et ce n'est pas une façon de résoudre les problèmes personnels de ceux qui se suicident. Par rapport à la société, "le suicide est un crime car le suicidé se sépare de force de sa famille, de sa société, de l'État et de l'Église, auxquels, s'il avait survécu, il aurait été obligé de se rendre utile."

Dans le cas de l'euthanasie, le désir de mettre fin à la vie humaine ne découle pas d'une quelconque difficulté de la vie, mais d'une situation dramatique dans laquelle l'être humain voit son existence s'affaiblir et sa base organique s'effondrer, ce qui est le résultat de la maladie incurable qui l'a frappé. Ici, l'être humain est entré dans le processus de la mort sans aucune possibilité de l'éviter.

Il existe actuellement trois courants d'opinion sur l'euthanasie :

1. Le vitalisme, qui est strictement opposé à l'euthanasie et qui affirme que la vie biologique doit être préservée à tout prix et par tous les moyens. Ce courant ne serait qu'une forme d'idolâtrie biologique, qui place la valeur abstraite de l'existence physique au-dessus des besoins personnels et du sort ultime du patient.

2. La mort digne, partisans de l'euthanasie, selon laquelle les patients en fin de vie doivent pouvoir choisir le moment et la manière dont ils souhaitent mourir dans la dignité. À cette fin, le patient doit se voir garantir la liberté de décider du traitement de la maladie en phase terminale et de faire preuve de solidarité et de compassion de la part de son entourage (famille, amis, personnel médical), de recevoir les médicaments appropriés pour soulager la souffrance physique et mentale, qui pourrait devenir insupportable et même "déshumanisante", afin que le patient meure avec un maximum de conscience et un minimum de douleur.

3. L'accélération du processus de mort, l'euthanasie, est le troisième courant, qui propose qu'à

---

[33] Pavel Chirila, Nicoleta Sturzu, *Le triste visage de la médecine moderne,* éd. Christiana, Bucarest, 2019, p. 38.

un certain moment du processus de mort, les traitements soient arrêtés (retrait ou arrêt des systèmes de maintien en vie), ce qui est tout à fait moral et permet ainsi au patient de mourir naturellement. [34]

Ceux qui souscrivent aux deux derniers courants pro-euthanasie font valoir que "la condition misérable et horrible d'un être humain se dirigeant vers une mort certaine et sans aucun semblant de rédemption, souvent dans un dégoût maladif de la vie et probablement un désir de mettre fin à ses jours, et dans sa famille et le personnel médical, la compassion pour la terrible situation naît et grandit très rapidement. "Le but des partisans de l'"euthanasie" ne serait donc que de supprimer la vie dénuée de sens et la mort agonisante, de rendre possible une mort paisible ayant l'apparence de la charité.... avec un contenu noble exprimé par le concept d'humanité, l'euthanasie étant une forme d'expression de la compassion et de l'amour pour le prochain qui souffre, c'est-à-dire un argument de l'ordre moral le plus élevé." [35]5

Significative pour notre cas est la déclaration intitulée *"Manifeste sur l'euthanasie"*, publiée en juillet 1974 dans le journal *"The Humanist"* et signée par 40 personnalités, dont des lauréats du prix Nobel tels que : Jacques Monod, Linus Pauling, George Thomson. Leur déclaration disait, entre autres choses : "... *Nous appelons le public éclairé à surmonter les tabous traditionnels et à adopter une attitude de compassion pour les souffrances inutiles dans les heures de la mort. Nous n'acceptons pas les théories qui affirment que la douleur humaine est inévitable et que rien ne peut être fait pour améliorer la condition humaine. Nous insistons sur le fait qu'il est immoral de dire aux patients d'accepter la douleur ou de les forcer à l'endurer. Nous croyons en la valeur de la dignité de l'individu. Cela signifie que son comportement doit être respecté et que l'individu doit réfléchir à son sort. Aucune éthique ne peut interdire catégoriquement aux individus de mettre fin à leur vie si la maladie dont ils souffrent ne peut être guérie par des méthodes thérapeutiques connues. L'euthanasie signifie "bonne mort" et peut être définie comme "une méthode ou une action qui met fin à la souffrance par la mort ou provoque une mort sans douleur". En d'autres termes, cela signifie une mort "douce" et "facile" pour ceux qui souffrent d'une maladie incurable ou qui ont des maladies organiques irréparables. Il est dur, barbare, de laisser vivre une personne contre sa volonté et de lui refuser la libération à laquelle elle aspire tant lorsque sa vie a perdu toute dignité, toute beauté, tout sens et toute perspective. La souffrance sans raison est un mal pour lequel nous sommes obligés de le supprimer de la société civilisée.* " [36]

Mais la solution à la souffrance n'est pas la mort de la personne malade. Aujourd'hui, la science a découvert de nombreux analgésiques qui calment le malade et souvent éliminent la douleur. Bien sûr, le médicament le plus adapté à la douleur n'a pas encore été trouvé, et il est donc possible de soulever la question de l'euthanasie.

Mais connaissons-nous les moyens thérapeutiques qui seront disponibles demain ? En outre,

---

34 Laura Stanila, *Obsession thérapeutique. Le pour et le contre de l'euthanasie - nouveaux défis pour la législation roumaine,* de www. drept.uvt.ro., consulté le 01.08.2021.

35 George Apostolu, L'*euthanasie à la lumière de la morale chrétienne,* sur www.crestinortodox.ro, consulté le 09.03.2021.

36 Elio Sgreccia, Victor Tambone, *Manuel de bioéthique,* éd. Arhiepiscopiei Romano-Catolice, Bucarest, 2001, cité dans V. Marcozzi, *Il cristiano difronte all'eutanasia,* "La Civilta Cattolica", 1975, IV, p. 322.

même aujourd'hui, la science n'est pas en mesure d'établir un diagnostic exact, et encore moins une prédiction infaillible. Il existe souvent des cas de patients à qui l'on a diagnostiqué une maladie incurable mais qui étaient encore en vie. Nous ne pouvons donc pas nous appuyer sur un diagnostic comme quelque chose d'absolu et appliquer l'euthanasie, car dans ces cas-là, il s'agirait d'un crime scientifique.

Il est également très triste et décevant de constater qu'à notre époque, les gens font preuve d'une grande indifférence à l'égard de ceux qui souffrent de maladies incurables et entraînent un état de déchéance mentale et physique, alors que "la miséricorde est le premier mouvement du cœur humain à la vue des souffrances et des agonies des autres".

C'est sur la base de ce sentiment de compassion que toute la construction humaine et les prévisions sociales des peuples civilisés sont soutenues. La philanthropie est un acte noble de solidarité humaine, notamment envers ceux qui souffrent de divers aspects de la peine, de la douleur et de la détresse, et envers les autres. L'homme, au lieu de se battre pour la légalisation de l'euthanasie, devrait se battre pour l'amélioration de ses propres conditions de vie et aider mentalement et matériellement les personnes qui souffrent. Il doit également lutter pour la culture spirituelle de ses semblables afin de persévérer dans la maladie et transformer ainsi la pitié des autres en véritable admiration. En d'autres termes, il doit apprécier à sa juste valeur la signification de la douleur humaine.

Mais ce succès ne peut être atteint que si la personne croit en Christ, qui est le donneur de notre vie. Selon l'enseignement chrétien, la souffrance n'est pas invincible. C'est le fruit du mal qui provient de l'abus de la liberté. Par conséquent, si l'homme continue à vivre dans la liberté, il est obligé d'endurer la souffrance, qu'il transforme et utilise pour sa perfection. [37]

Le christianisme condamne le meurtre et le suicide parce que "le corps du croyant en Christ a une signification particulière, puisque, selon le Nouveau Testament", il est non seulement "la demeure de l'âme immortelle" et "à son service", mais aussi "le membre du corps du Christ" (I. Cor. VI, 15, 12, 27 ; Eph. V, 30), et l'homme tout entier, composé du corps et de l'âme, a une valeur incomparable, car il est "le temple du Dieu vivant" (II Cor. VI, 16), et "l'Esprit de Dieu habite en vous". (I Cor. III, 16) Nous observons ici que le suicide est doublement condamné d'un point de vue moral-chrétien : d'abord, pour défi et rébellion contre Dieu, et ensuite, il est caractérisé comme corrompant le temple de Dieu, en plus d'être condamné comme un péché mortel, comme le dit l'Apôtre Paul : "Celui qui souille le temple de Dieu, Dieu le détruira". (I Cor. III, 17).

Bien qu'il soit clair que, dans le christianisme, le meurtre est condamné depuis l'Ancien Testament par le commandement divin du Décalogue ("Tu ne tueras pas"), des voix s'élèvent pour dire que l'éthique de la gestion de la souffrance et de la mort est en train de changer, tant dans la société sécularisée que dans une bonne partie du christianisme lui-même, ce qui montre qu'avec l'acceptation de l'euthanasie et du suicide assisté, des conflits vont apparaître dans l'orthodoxie, le

---

[37] George Apostolu, L'*euthanasie à la lumière de la morale chrétienne*, sur www.crestinortodox.ro, consulté le 10.08.2021.

catholicisme romain et d'autres confessions chrétiennes. L'un des partisans de l'euthanasie et du suicide assisté, David Thomasma, déclare : *"Je dirais que le fait de demander le suicide assisté et/ou l'euthanasie par l'amour de la famille ou des soignants pourrait être considéré comme un exemple d'euthanasie défendable, même s'il est clair pour moi que l'Église ne changera pas de position de sitôt. "* [38] Thomasma montre qu'un concept d'euthanasie justifiable pourrait être développé dans le catholicisme romain sur le modèle de l'homicide justifiable. Il fonde cette possibilité sur une suggestion, empruntée à un autre auteur, selon laquelle la mort du Christ sur la croix devrait être interprétée comme une sorte de suicide. [383940]

En même temps, la vision chrétienne du suicide est mal comprise parce que l'homme moderne est incapable de comprendre comment l'Église primitive a distingué le suicide des actes sur soi-même qui ne peuvent qu'apparaître comme un suicide à l'homme moderne : On a prétendu, par exemple, que certains saints se sont suicidés par leur martyre, ou que le christianisme n'a considéré le suicide comme un péché que plusieurs siècles après la mort du Christ. Cependant, les premiers canons de l'Église montrent que cette affirmation est complètement fausse. Le canon 14 de saint Timothée d'Alexandrie (mort en 385) déclare à propos du suicide : *"Question. Si quelqu'un est insouciant et lève la main, ou se jette dans l'abîme, sera-t-il pardonné ou non ? Réponse. À cet égard, l'ecclésiastique doit clarifier si cela a été fait dans une juste compréhension. Car souvent les proches de celui qui a subi ce mensonge et veulent obtenir que l'on sacrifie et prie pour lui, en disant qu'il n'avait pas toute sa tête. Mais parfois il l'a fait à cause du traitement insultant des gens ou par dégoût, et pour cela il n'a pas besoin de faire le sacrifice qu'il est devenu un meurtrier. L'ecclésiastique incorruptible doit donc enquêter avec soin pour ne pas tomber dans la tentation. "*[40]

Il est clair que le suicide était interdit dans l'église primitive, mais elle avait une compréhension particulière de la participation à la mort dans les vues contemporaines. Tout d'abord, nous devons comprendre que professer la foi dans l'attente et l'espoir d'être martyrisé n'est pas un suicide. Agir avec l'intention de mourir en martyr n'est pas un suicide : c'est une offrande de soi à une mort comme celle du Christ. Le martyre n'est pas un suicide, car le martyre présuppose une union désintéressée avec le Donneur de vie. L'Église du premier millénaire a reconnu que tant que nous n'utilisons pas la violence directement contre nous-mêmes, contre la volonté de Dieu, même l'aide que nous apportons aux autres pour accomplir notre propre martyre ne peut être considérée comme un suicide. [41]

Avec une préparation, un discernement et un accompagnement spirituel adéquats, le fait de s'engager dans un martyre particulier était toujours considéré comme approprié, mais uniquement

---

[38] H. Tristram Engelhardt Jr, *The Foundations of Christian bioethics,* ed. Deisis, Sibiu, 2005, p. 424, cité dans David Thomasma, *Assisted Death and Martyrdom,* ^Christian Bioethics" 4 (1998), p. 122.

[39] H. Tristram Engelhardt Jr, *The Foundations of Christian bioethics,* ed. Deisis, Sibiu, 2005, p. 424, cité par L. Boros, *The Mystery of Death, ed. Herder* and Herder , New York, 1965.

[40] Ioan N. Floca, *Canones of the Orthodox Church, Notes and Comments,* ed. IBMOBOR, Bucharest, 1992, p. 328 ; nous trouvons des références similaires dans le Canon apostolique 5, le Canon 23 d'Ancira, les Canons 8 et 11 de Saint Basile le Grand, le Canon 5 de Saint Grégoire de Nysse.

[41] H. Tristram Engelhardt Jr, *Les fondements de la bioéthique chrétienne,* éd. Deisis, Sibiu, 2005, p. 424.

parce que celui qui s'engageait dans le martyre croyait de tout son être que, par le martyre, il rejoindrait le Christ au-delà de la mort corporelle. La poursuite du martyre, cependant, présuppose un discernement moral, comme nous le voyons dans le Canon 9 (Conseils à ceux qui recherchent la tentation) du pape Pierre d'Alexandrie (311 AD) : *Quant à ceux qui, comme tirés du sommeil, se sont plongés dans la lutte angoissante qui aura lieu dans l'avenir et qui fera que leurs désirs lutteront contre la mer et contre de nombreuses vagues, mais qui, surtout contre les frères, attisent le feu des pécheurs avec lesquels ils ont encore à faire au nom du Christ, ils en sont arrivés là, bien que ce ne soit pas en se souvenant de ses paroles qui enseignent : "Priez pour ne pas être tentés."* [42]

La vie et la mort des saints martyrs portent en eux une appréciation vivante de la recherche de la vie et de la mort dans la quête du royaume de Dieu. En raison de cette orientation vers la sainteté, ce que l'on entend aujourd'hui par suicide n'avait pas la même signification dans l'Église primitive, car le but était tout autre. Il existe également des actions dans lesquelles nous pouvons envisager la mort, mais qui ne sont pas des suicides car elles visent la vie éternelle.

Le christianisme vit le martyre comme une occasion spéciale de guérir l'âme et de l'unir à Dieu. Elle reconnaît que certaines expériences peuvent blesser profondément le cœur, c'est pourquoi le fait que les tentateurs forcent le sexe est considéré comme une menace fondamentale pour la vie spirituelle, une menace qui exige une action radicale.

La vie de saint Martinien (qui est fêté le 13 février) nous est racontée par saint Nicolas Velimirovitch dans son ouvrage "Prologues d'Ohrid" comme suit : *"La vie glorieuse et merveilleuse du pieux Martinien mérite d'être lue dans son intégralité. Car que n'a-t-il pas souffert pour accomplir la parole du Christ ! À l'âge de dix-huit ans, Martinian se retira sur une montagne de Cappadoce appelée "le lieu de l'Arche", où il vécut pendant vingt-cinq ans dans le jeûne, la veille, la prière et le labeur, luttant contre de nombreuses tentations. Lorsqu'une femme le tentait avec ruse et qu'il voyait qu'il était en danger de pécher, il sautait dans le feu, pieds nus, jusqu'à ce qu'il surmonte la passion. Lorsque de nouvelles tentations se présentèrent à lui, Martinian s'enfuit vers la mer et s'assit sur un rocher au milieu de la mer, où il vécut un certain temps. Mais là aussi, après un naufrage, une femme lui demanda de la sauver, ce que fit le saint, mais il se jeta immédiatement à la mer pour échapper à la tentation. Cependant, un dauphin l'a attrapé sur son dos et l'a sauvé de la noyade, et grâce aux soins de Dieu, il l'a conduit sur la terre ferme. Martin a alors décidé dans son cœur qu'il ne resterait plus jamais au même endroit, mais qu'il voyagerait de lieu en lieu pour toujours, jusqu'à sa mort. En deux ans, saint Martin a parcouru cent soixante-quatre villes, guidant et conseillant les gens. Il est finalement venu à Athènes, où il est mort en 422. "* [43]

Nicolas Velimirovich présente les actes de saint Martinien dans l'esprit de l'ancienne Église, dans laquelle son comportement consistant à se jeter à la mer pour échapper à la tentation de la débauche et à la perte de la chasteté n'est pas considéré comme un suicide, mais comme une expression

---

[42] Ioan N. Floca, *Canones of the Orthodox Church, Notes and Comments,* ed. IBMOBOR, Bucharest, 1992, p. 328 ; nous trouvons des références similaires dans le Canon apostolique 62, les Canons 3 et 5 d'Ancira, le Canon 2 de Saint Grégoire de Nysse.

[43] Saint Nicolae Velimirovici, *Prologues d'Ohrid,* vol. 1, éd. Egumenita, Galatzi, 2010, p. 59.

exemplaire de la vie : la recherche de la vie éternelle.

Même les Pères occidentaux de l'Église tels que saint Ambroise du Moyen Âge (339397) et le bienheureux Jérôme (345-419) ont reconnu que ce n'est pas un péché d'aller jusqu'à une mort certaine au nom de la chasteté.

Les saints pieux de l'Église ne provoquaient pas activement leur mort, même si leur agonie les accablait, eux ou les autres. Ils ont accepté avec humilité le manque de dignité et la souffrance de l'agonie, reconnaissant qu'il est spirituellement néfaste de s'ôter la vie ou celle des autres pour échapper au fardeau des soins et de la mort. Ils n'auraient jamais recours au suicide ou à l'euthanasie pour éviter la souffrance. Grâce à eux, à leur vie et à leur mort, nous apprenons à distinguer le meurtre, le suicide et l'humble sacrifice de soi. Ils nous donnent une connaissance vivante de la manière dont nous devons nous efforcer de nous unir à Dieu.

Le christianisme, avec sa vision de la vie et de son sens, d'une part, et de l'origine de la souffrance et de son sens (permis par Dieu), d'autre part, a entraîné un changement radical dans le respect de la vie humaine. La vie corporelle est la vie de la personne, et personne ne peut disposer de la vie de la personne humaine comme il l'entend ; la personne a une valeur inestimable même dans la souffrance. Et la souffrance, quand elle n'est pas la conséquence immédiate ou lointaine du péché, est une réalité permise par Dieu, parce qu'il sait que "la souffrance engendre la patience, et la patience l'épreuve, et l'épreuve l'espérance" (Rm 5,3-4). C'est pourquoi Dieu a ordonné : "Tu ne tueras pas !" (Exod. XX, 13). L'homme ne s'épuise pas dans sa vie biologique, ni ne se réalise exclusivement dans son état terrestre, et la vie au sens biologique du terme est la condition fondamentale de la préparation de l'homme au Royaume de Dieu.

Le christianisme rejette tout acte ou omission visant à s'ôter la vie et toute manière dont on tente de s'ôter la vie. La société humaine en général se développe, mais sans toujours tenir compte des valeurs chrétiennes promues par l'Église. Cela explique le fait que, outre le point de vue chrétien sur le respect de la vie et de celui qui la porte, d'autres attitudes à l'égard de la vie humaine se sont développées, de sorte qu'une véritable culture de la mort a vu le jour. [44]

Le christianisme donne une vraie valeur à cette vertu - la souffrance - parce qu'il ne demande pas l'extinction de la vie, mais le surplus de vie spirituelle par la souffrance et le sacrifice.

Dans la 17e lettre, saint Jean Chrysostome écrit à Olympias en 407, alors qu'il est exilé à Comane en Arménie : *"Ne sais-tu pas combien la maladie apporte de récompense au cœur de celui qui l'accepte avec contentement et pour la glorification de Dieu ? Olympia, rien n'égale la patience avec la maladie au point de vue de la perfection spirituelle, car elle est la reine des vertus et la couronne la plus précieuse des chrétiens ? ... Plus les souffrances sont sévères, plus les fruits sont abondants. Cette vertu de supporter la maladie corporelle est si précieuse que ceux qui la possèdent lorsqu'ils ont commis de grands péchés sont soulagés de leur fardeau, et lorsqu'ils ont de nombreuses vertus et sont justes, ils augmentent leur foi et leur confiance en Dieu, ce qui n'est pas une mince*

---

[44] IonuJ Stefan, Arguments pour et contre l'euthanasie du point de vue des théories téléologiques et déontologiques, de www.gup.ugal.ro, récupéré le 11.08.2021

*affaire..... Pour les justes, la souffrance est une couronne brillante, dont la splendeur surpasse de loin celle du soleil ; pour les pécheurs, elle est un moyen d'expiation..... "*

Dans la même lettre à Olympias, le diacre Jean Chrysostome écrit : " *Qu'ils aient un grand bénéfice après avoir enduré des souffrances, même ceux qui font de bonnes œuvres, cela se voit aussi dans Job qui est sorti plus brillant de ses souffrances, mais aussi dans Timothée, qui, bien qu'il soit si bon, bien qu'on lui ait confié un si grand ministère, bien qu'il ait voyagé avec saint Paul dans le monde entier, était pourtant malade pendant des jours. Paul avait voyagé dans le monde entier, et pourtant il était malade pendant des jours, son corps était complètement épuisé, pas un jour ou deux ou trois, ni dix ou vingt ou cent jours. Saint Paul le montre par ces mots : "Prends un peu de vin pour ton estomac et pour tes fréquentes souffrances"* (I Timothée V, 23).

*"Et saint Paul, qui a ressuscité les morts, n'a pas guéri sa maladie, mais l'a laissé dans la fournaise de la maladie pour recueillir d'ici les grandes richesses de la hardiesse. Il a enseigné à son disciple les mêmes leçons qu'il avait appréciées et reçues de son Maître. Paul n'était pas tombé malade, mais les épreuves le frappaient autant que la maladie, faisant souffrir son corps. " Une épine m'a été donnée dans la chair ", dit-il, " un ange de Satan, me frappant sur la joue,*[45]*est-à-dire les coups, les fers, les chaînes, les cachots, les emprisonnements, souvent la déchirure du corps par les coups de fouet des bourreaux ". C'est pourquoi, ne pouvant plus supporter la douleur sur son corps, il dit : " Pour cela, j'ai prié trois fois le Seigneur - trois fois dit souvent saint Paul - afin qu'il me débarrasse de cette épine. " Lorsque sa demande n'a pas été accordée et qu'il a réalisé tout ce qu'il avait gagné en souffrant, il s'est calmé et a apprécié ce qui lui arrivait. "*[46]

*Et ne pensez pas que vous vivez en vain, que vous viviez dans une maison ou que vous soyez alité. Vous endurez des souffrances plus terribles que ceux qui sont traînés, déchirés et étirés par des bourreaux, car vous avez toujours le bourreau en vous, cette grande maladie dont vous souffrez. Ne souhaitez pas la mort et ne négligez pas votre santé. Ce n'est pas bon non plus. C'est pourquoi Paul exhorte Timothée à prendre soin de sa santé. Enfin, ce que je vous ai dit sur votre maladie est suffisant."* [47]

Le chrétien, lorsqu'il est gravement malade, se réfugie dans l'amour et la providence de Dieu, mais n'oublie pas de demander l'aide de la science. Ni l'indifférence, ni le fatalisme, ni la panique, ni le désespoir ne prennent place dans la vie du chrétien. Il accepte donc patiemment sa maladie et essaie d'en tirer un bénéfice spirituel, car la maladie est une leçon précieuse.

Le vrai chrétien connaît la Sainte Écriture qui dit : "... Je tue et je ressuscite, je blesse et je guéris, et personne ne peut échapper à ma main" (Dt XXXII, 39). Je tue et je ressuscite, je blesse et je guéris, et personne ne peut échapper à ma main" (Dt XXXII, 39), il sait aussi que sa vie est pleine d'épreuves, de tribulations et de difficultés. Mais il sait aussi que le Christ peut l'aider à les surmonter, comme il nous le dit lui-même : "Dans le monde, vous aurez des tribulations ; mais prenez courage,

---

[45] II Cor. XII, 7

[46] II Cor. XII, 8

[47] Pieuse diaconesse Olympia, Une *vie* - une *amitié - un échange de lettres*, éd. Deisis, Sibiu, 1997, pp. 60-63.

j'ai vaincu le monde" (Jean XVI, 37). Il sait aussi que "c'est par beaucoup de tribulations que nous devons entrer dans le royaume de Dieu" (Actes XIV, 22).

En résumé, nous pouvons dire que la souffrance, la douleur et les épreuves sont généralement données à l'homme ou permises par Dieu dans les buts bénéfiques suivants :

1) comme un test de l'homme : "Comme l'or dans le creuset, il s'est déclaré" (Sagesse à Salomon III, 6) ;

2) à la repentance : "Seigneur, ils t'ont cherché dans la détresse..." (Isaïe XXVI, 16) ;

3) pour l'humilité : "Et de peur que je ne me vante de la grandeur des révélations, donnez-moi une épine dans la chair, un ange de Satan pour me frapper sur la joue, de peur que je ne me vante." (II Cor. XII,

4) pour la preuve de la compassion et de l'amour de ceux qui ne souffrent pas pour ceux qui souffrent ;

5) à l'honneur et à la gloire de ceux qui persévèrent et luttent jusqu'au bout : "Heureux ceux qui sont persécutés pour la justice, car le royaume des cieux est à eux" (Matthieu V, 10) ;

6) pour montrer la toute-puissance de Dieu (voir la guérison de l'aveugle de naissance) ;

7) Comme une punition. Par exemple, les fléaux que Dieu a envoyés à Pharaon ; et pour de nombreuses autres raisons.

Par conséquent, le croyant doit supporter ce que Dieu lui a donné par la repentance, car selon l'enseignement chrétien, il n'y a aucun péché qu'il ne puisse pardonner.

Confiants dans la miséricorde et l'amour de Dieu, nous concluons que nous n'avons jamais le droit d'intervenir dans la vie de celui qui souffre sous prétexte de sa miséricorde ou de sa compassion. Un exemple en est le Sauveur Jésus-Christ lui-même, qui est venu dans le monde "pour guérir toute maladie et toute infirmité parmi les hommes" (Matthieu IV, 23) et "pour faire le bien toute sa vie et guérir tout le monde" (Actes X, 38).

L'attention constante du Sauveur pour les souffrants et les malades, la guérison des malades et la résurrection des morts par son intermédiaire sont des arguments contre et non pour l'euthanasie. Le Sauveur, qui gît et souffre depuis 38 ans, demande : "Veux-tu être guéri ?" et le guérit, il ne le tue pas pour le libérer de la souffrance, comme il aurait dû le faire selon les idées des partisans de l'euthanasie.

Selon la morale prêchée par le Christ, même les souffrances les plus graves ne justifient pas la destruction de la vie, car chaque instant, même s'il semble insignifiant pour la vie terrestre, est très, très précieux du point de vue moral pour la vie après la mort et donne au chrétien l'occasion de se repentir de ses péchés. C'est pourquoi le Sauveur nous demande aussi de porter patiemment la croix de la vie, c'est-à-dire d'endurer toutes les souffrances avec une pleine confiance dans la miséricorde divine. Jésus-Christ, en plus des commandements qu'il a donnés à ses disciples, a également laissé ceci : "Guérissez les faibles, ressuscitez les morts, purifiez les lépreux..." (Matthieu X, 8). Avec ce commandement, nous sommes obligés d'aider les personnes qui nous sont proches.

Avec le deuxième argument, à savoir le "droit à la liberté" de chaque individu de mettre fin à sa vie et d'exiger qu'il y soit mis fin, les partisans de l'euthanasie affirment que l'homme est une personne libre et maître de sa vie et qu'il a pourtant le "droit" de choisir sa mort, c'est-à-dire le "droit de choisir entre la vie et la mort". Mais ce "droit" de l'homme est inacceptable dans l'esprit du chrétien. "L'homme n'est pas le créateur de lui-même et de sa liberté. L'existence et la liberté de l'homme sont liées à ses parents, à son voisin, à l'environnement et bien sûr à Dieu. "La liberté de l'homme n'est donc pas absolue." Tout d'abord, il convient de souligner qu'aucun être humain n'entre avec sa volonté. La naissance de chaque être humain est le résultat de l'utilisation d'une des libertés d'autrui. Mais le progrès de la vie ne dépend nullement de lui, car de nombreux facteurs extérieurs exercent sur lui une influence directe et indirecte. [48]

La liberté est un don de l'amour de Dieu pour l'homme et un fruit de la réponse de l'homme à l'amour de Dieu. Le chrétien ne demeure dans la liberté et n'y est parfait que lorsqu'il demeure dans le Christ, lorsqu'il vit dans l'esprit du Christ. Saint Isaac le Syrien dit que *"dans cet âge imparfait, il n'y a pas de liberté parfaite".* [49]Il est tout à fait clair que l'homme n'atteint la liberté absolue que lorsqu'il se libère du monde et s'unit à Dieu.

Selon l'enseignement chrétien, la vie n'est pas une création humaine mais un don de Dieu. Le chrétien reconnaît qu'il a été créé par Dieu "à son image et à sa ressemblance" et que sa vie est sacrée et inviolable. Le saint apôtre Paul dit : "Car aucun de nous ne vit pour lui-même, et aucun de nous ne meurt pour lui-même. Car si nous vivons, nous vivons pour le Seigneur, et si nous mourons, nous mourons pour le Seigneur. Ainsi donc, si nous vivons et mourons, nous appartenons au Seigneur" (Rom. XIV, 7-8). Cela signifie que nous ne nous appartenons pas à nous-mêmes, mais au Seigneur, qui a une domination absolue sur nos vies.

La vie de l'homme est aussi un chemin et un but pour sa perfection.

C'est un chemin parce que c'est le point de départ de la vie morale et l'étape de l'activité de croissance morale, et c'est le but parce qu'il vise au renouvellement par la résurrection commune, à la participation à la félicité à venir.

"Le chrétien qui philosophe sur le mystère de la mort comprend plus profondément la valeur de la vie terrestre. Il est convaincu que la vie présente, si elle est correctement vécue, conduit au gain de la vie à venir" (P.G. 53, 319). Il apprend encore que le Seigneur n'est pas venu sur terre pour nous tuer et nous retirer de cette vie, mais pour nous laisser dans le monde et nous préparer à être dignes de la vie céleste. Si la vie terrestre était mauvaise, alors nous aurions dû récompenser les meurtriers, car nous tuer aurait été bon.

Tout comme l'origine de la vie est due à la libre volonté de Dieu, il en va de même pour sa continuation. L'homme ne peut donc pas disposer de la vie à son gré sans pécher. Dieu, qui a appelé

[48] George Apostolu, L'*euthanasie à la lumière de la morale chrétienne,* sur www.crestinortodox.ro, consulté le 10.08.2021.

[49] Saint Isaac Sirul, *Paroles et Enseignements,* éd. Predania, Bucarest, 2010, p.273.

l'homme à l'existence, ne lui donne pas le choix d'accepter ou de rejeter le don de la vie. Elle lui est donnée et il doit l'utiliser selon les commandements divins. L'homme n'est pas le propriétaire absolu de la vie, car ce n'est finalement pas son œuvre, mais celle de Dieu.

Celui qui prend la vie d'un être humain détruit, comme nous l'avons vu, le bien humain le plus important qui ne peut être ramené. Ce faisant, il commet un double crime : contre Dieu, d'abord, parce qu'il détruit un être humain qui est son "image" et qu'il a créé dans un but élevé. Deuxièmement, il viole l'un des commandements du Décalogue : "Tu ne tueras pas" (Exode XX, 13), par lequel les Saintes Écritures indiquent le sens de la vie terrestre.

Sur la question de l'euthanasie, il existe un autre obstacle insurmontable, à savoir l'expression de la volonté du patient de mettre fin à sa vie. Ce souhait est-il une expression authentique ? La personne qui exprime ce souhait veut-elle vraiment mourir ? Est-ce vraiment un souhait basé sur son libre arbitre ? Ou y a-t-il d'autres facteurs externes ou internes qui l'obligent à prendre cette décision ?

Prenons l'exemple d'une personne qui souffre d'une maladie incurable et douloureuse et qui souhaite une mort sans douleur, donc en accord avec les témoins. Mais des questions sont posées : Le malade est-il toujours maître de ses pensées et de ses désirs ? Son consentement à une mort douloureuse est-il le résultat de sa pensée logique et saine, de sa libre décision et de sa volonté ? Sa maladie n'a-t-elle eu aucune influence sur le cours normal de sa pensée ?

Mais même si le patient est pleinement conscient et consent au recours à l'euthanasie, la question se pose à nouveau : ce souhait peut-il être une raison de recourir à l'euthanasie ?

Dieter Bonhoeffer déclare *: "Il ne peut s'agir d'une exigence fondamentale, car il faut tenir compte de la vie du patient, qui a ses propres exigences qui ne coïncident pas avec son souhait d'euthanasie. Comme nous le savons, la vie s'oppose à la mort. Le médecin n'est pas obligé de se conformer au désir de mourir du patient, mais à son désir de vivre." 50*

Tous s'accordent à dire qu'il est très difficile de comprendre la véritable signification des demandes des gens sur le chemin de la mort. "L'expression du désir de mourir de la personne malade résulte d'une peur momentanée et d'une incapacité à faire face à la douleur, ou d'un effondrement mental, ou d'une anomalie causée par l'agonie de la maladie ; elle peut également découler de la compréhension des obligations économiques envers la famille et l'entourage. "Nous sommes conscients que le désir de mourir du patient diminue souvent après un certain soulagement de la douleur. Par conséquent, le recours à l'euthanasie à la demande du patient n'est pas correct.

50 Dietrich, Bonhoeffer, *Etica*, (ed. y trad. Lluis Duch), Editorial Trota, Madrid, 2000, p. 160.

## VIII. Conclusions

Quoi qu'il en soit, l'euthanasie est l'expression d'une mentalité sécularisée qui prétend que l'homme a le droit de disposer de sa propre vie et de celle d'autrui. L'euthanasie est aussi l'expression d'une éthique hédoniste et utilitaire qui ne voit pas le sens de la souffrance.

Le christianisme n'exclut pas la souffrance. C'est une réalité que le Christ Sauveur n'a pas nié, n'a pas réprimé, mais a accepté. Être chrétien, c'est participer à la vie du Christ, faire de sa lumière votre lumière, de sa vie votre vie. En suivant le Christ, vous participez donc aux souffrances du Christ d'une certaine manière, à travers votre souffrance. Le Christ, le Sauveur, n'a pas souffert inutilement. Par conséquent, il n'y a pas de souffrance inutile. Dans son absurdité (paradoxalement), elle a un sens pour le malade et pour les spectateurs, un sens que nous ne pouvons pas toujours déchiffrer. Mais c'est le cas ! De même que la souffrance du Christ avait un sens - la résurrection -, de même notre souffrance a un sens : elle est une expérience véritablement rédemptrice lorsqu'elle est liée au Christ.

Qu'elle soit active ou passive, l'euthanasie reste un acte contre Dieu. L'homme ne peut pas s'attaquer à sa propre vie ou à celle de ses semblables, car cela signifie en fin de compte une attaque contre la souveraineté de Dieu.

Le médecin (et personne d'autre) a le droit de prendre la vie de quelqu'un. Celui qui ne peut pas donner un droit à quelqu'un ne peut pas le lui enlever ; par conséquent, celui qui ne peut pas donner la vie à quelqu'un ne peut pas la lui enlever. En tant qu'instrument et médiateur à travers lequel Dieu agit, le médecin est obligé (selon sa vocation et sa raison d'être) de soulager la souffrance, mais il n'a pas le droit de hâter délibérément le processus naturel de la mort.

Lorsque la fin biologique d'un être humain est imminente, nous n'avons pas le droit de hâter cette fin par l'euthanasie. L'amour pour les êtres humains ne consiste pas à mettre fin à la vie d'une personne par pitié, pour la soulager de sa douleur, mais à l'aider à supporter la douleur jusqu'au moment où elle s'abandonne à Dieu, moment qui doit rester le résultat d'un processus naturel, et autant que possible en pleine conscience. Notre tâche, et surtout la tâche du médecin, est de servir la vie jusqu'à sa fin ; ou l'être humain vit, même s'il est au stade final de la vie physique.

Dans le cas de maladies incurables, l'Église recommande d'utiliser tous les moyens pour soulager la souffrance causée par la maladie : d'une part, le spirituel, c'est-à-dire l'administration des saints sacrements, l'attention pastorale, la prière et le soutien moral, et d'autre part, le médical, c'est-à-dire les traitements normaux, la garantie d'une hygiène correcte et les traitements palliatifs.

Il n'y a aucune justification médicale ou économique à l'euthanasie. Le médecin qui la pratique a violé son mandat et commet un grave péché condamné par Dieu et abhorré par l'Église. Pour éviter un tel péché, une information correcte sur sa gravité et sur le sens de la vie est nécessaire.

La mort physique est une réalité par laquelle passe tout être créé. Lorsqu'elle se produit dans la vie humaine, avec ou sans souffrance, elle doit être considérée comme un moyen d'union avec Dieu, comme un moment solennel de notre passage dans le royaume éternel de Dieu "où il n'y a ni douleur, ni souffrance, ni gémissement".

## BIBLIOGRAPHIE ET SOURCES INTERNET


1. *LA BIBLE,* éd. IBMBOR, Bucarest, 2001.
2. Apostolu, George, L'*euthanasie à la lumière de la moralité chrétienne,* de www.crestinortodox.ro.
3. Bagdasar, Nicolae, Bogdan, Virgil & Narly, C., *Antologie philosophique,* éd. Universal Dalsi, Bucarest, 1995.
4. Barsan, C., *La question de l'euthanasie devant la Cour de Strasbourg : la Convention reconnaît-elle un droit à mourir ?* in "PR" n.4/2002.
5. Bogdan, S. & Serban, D., *Droit pénal. La partie spéciale. Infractions contre la personne et contre l'administration de la justice,* Ed. Universul Juridic, Bucarest, 2017.
6. Bonhoeffer, Dietrich, *Etica,* (ed. y trad. Lluis Duch), Editorial Trota, Madrid, 2000.
7. Boroi, Alexandru, *Euthanasie - Concept, controverse et réglementation,* dans "Revista de Drept Penal" n. 2/1995.
8. Boros, L. *Le mystère de la mort,* éd. Herder et Herder, New York, 1965.
9. Chirila, Pavel& Sturzu, Nicoleta, *Le triste visage de la médecine contemporaine,* éd. Christiana, Bucarest, 2019.
10. Defoe, D., *Journal de l'année de la peste,* (trad. A. Ralian), éd. Univers, Bucarest, 1992.
11. Diaconeasa, Diana Teodora, L'*euthanasie - la limite de la liberté individuelle ?* , p. 5, dewww.drept.unibuc.ro
12. Dongoroz, V. si altii, *Explications théoriques du Code pénal roumain,* vol. III, éd. Academiei, Bucarest, 1971.
13. *La Cour suprême des Pays-Bas a approuvé l'euthanasie des patients atteints de démence avancée,* www.g4media.ro.
14. Engelhardt Jr, Tristram, *Les fondements de la bioéthique chrétienne,* éd. Deisis, Sibiu, 2005.
15. Floca, Ioan N., *Canons de l'Église orthodoxe, Notes et commentaires,* éd. IBMOBOR, Bucarest, 1992.
16. *Le code pénal allemand,* de www.codexpenal.just.ro
17. *Histoire de l'euthanasie,* depuis www.euthanasia.com
18. Marcozzi, V. *Il cristiano di fronte all'eutanasia,* "La Civilta Cattolica", 1975, IV
19. Minois, Georges, *L'histoire de l'euthanasie,* éd. Humanitas, Bucarest, 2002.
20. Morus, *Thomas,Utopie,* éd. Gramar, Bucarest, 2014.
21. *Pays-Bas. La dépénalisation de l'euthanasie a été étendue aux enfants âgés de 1 à 2 ans. 12,* de www.vaticannews .va
22. Pieuse diaconesse Olympia, *Une vie - une amitié - un échange de* lettres, éd. Deisis, Sibiu, 1997.
23. Platon, *Œuvres,* Vol. II édité par P. Cretia, C. Noica & N.S. Tanasoca. Ed Stiintifica si Enciclopedica, Bucarest, 1976.
24. Popescu, Radu & Pusca, Andy, *Euthanasie,* Ed. Fundatiei Academice "Danubius", Galati, 2002 ".
25. Riza, Andrada Adela, *Sur la possibilité de légaliser l'euthanasie dans le cadre de l'exercice du droit à l'autodétermination,* de www.asandru.ro.
26. Sgreccia, Elio &Tambone, Victor, *Manuel de bioéthique,* éd. Arhiepiscopiei Romano-Catolice, Bucarest, 2001.
27. Sénèque, *Lettre LVIII à Lucilius,* (trad. rom. Gh. Gu(u), Editura §tiin(ifica §i Enciclopedica, Bucarest, 1967.
28. Sfantul Isaac Sirul, *Paroles et Enseignements,* éd. Predania, Bucarest, 2010.
29. Nicolae Velimirovici, *Prologues d'Ohrid,* vol. 1, éd. Egumenita, Galatzi, 2010.

30. Stanila, Laura, *Obsession thérapeutique. Le pour et le contre de l'euthanasie - de nouveaux défis pour la législation roumaine,* de www.drept.uvt.ro
31. Stefan, Ionu(, *Arguments pour et contre l'euthanasie du point de vue des théories téléologiques et déontologiques,* de www.gup.ugal.ro.
32. Tamasanu, Dana-Luiza, L'*euthanasie dans le droit pénal roumain,* dans Revista "Dreptul" nr.5/2005.
33. Tavala, Emanuel, *Est-ce un devoir de mourir en Europe ? Si ce n'est pas maintenant, quand ? L'euthanasie et le suicide assisté d'un point de vue juridique,* in " Revista Romana de Drept Privat " n° 4/2017.
34. Thomasma, David, *Euthanasie et martyre,* ^Bioéthique chrétienne" 4 (1998).
35. Vladutescu, Gheorghe, *L'éthique d'Épicure,* éd. Stiintifica, Bucarest, 1972.

FSC
www.fsc.org
MIX
Papier | Fördert
gute Waldnutzung
FSC® C083411

Kolibri 360 GmbH
Ferdinand-Jühlke-Straße 7
99095 Erfurt, Deutschland
produktsicherheit@kolibri360.de

Druck:
CPI Druckdienstleistungen GmbH
im Auftrag der
Kolibri 360 GmbH
Ferdinand-Jühlke-Str. 7
99095 Erfurt